초판 2쇄 인쇄	2018년 2월 23일
초판 2쇄 발행	2018년 2월 28일

지은이	김승호
발행처	열린길
발행인	하혜승
주소	서울시 성북구 보문로 37길 15 세윤빌딩 201호
전화	02)929-5221
팩스	02)3443-5233
디자인	(주)열린길

ISBN 979-11-962632-0-1 13330

* 책값은 뒤표지에 있습니다.
* 이 도서의 국제표준 도서번호(ISBN)는 국립중앙도서관 서지정보유통지원시스템 홈페이지(http://seoji.nl.go.kr)에서 이용할 수 있습니다.
* 이 책은 저작권법에 따라 보호받는 저작물이므로 무단전재와 무단복제를 금지하며, 이 책 내용의 전부 또는 일부를 이용하려면 반드시 저작권자 동의를 받아야 합니다.

직장인의
공감백배
마음관리
기술

마음도 퇴근이 되나요?

김승호 지음

열린길

PROLOGUE

직장인을 위한
마.음.처.방.전.

1989년 7월 3일, 서울올림픽이 열렸던 이듬해 여름날이었다.

   직장생활의 첫발을 내디뎠던 그날의 기억이 새롭다. 돌이켜보니 29년이란 세월이 흘렀다. 어느새 인생의 절반 이상이 직장생활로 채워졌다. 강산이 세 번이나 바뀔 동안 인생이란 오선지 위에 그린 직장생활의 악보들을 되짚어 본다. 어떤 날은 꿈과 행복으로 부풀었고, 또 어떤 날은 지난한 어둠의 터널을 지날 때도 있었다. 무소의 뿔처럼 매끈하고 단단했던 20대 후반의 직장 초년생은 어느덧 머리카락이 희끗희끗한 50대 중반 임원이 되었다. 그 기간 동안 사랑하는 아내와 행복한 가정을 꾸려 눈에 넣어도 아프지 않을 아들딸을 키워 냈고, 좋은 직장 선후배들을 만나 끈끈한 인간관계도 이루었다. 그러면서 (고백하지만) 제법 큰 상처를 주고받은 사람도 있고, 지금은 어디서 뭘 하는지 알 길이 없는 사람도 있다. 또 당시에는 진가를 잘 몰랐던 사람도 있었고, 몹시 서운하게 생각했던 사람도 있었다. 그러나 이제와 되짚어 보면 대부분이 고맙고도 소중한 선배이자 동료였으며, 후배였다. 분명한 점은 지금의 필자는 많은 부분 그 사람들의 도움과 협력 덕분에 성장해 왔다는 것이다.

깨달음 때문이었을까? 아니면 책임감 때문이었을까? 언제부터인지 확실하지는 않지만, 직장생활을 하는 동안 얻은 소소한 지혜들을 정리하고 싶다는 생각을 하게 되었다. 오히려 돈 주고도 살 수 없는 경험과 내공을 월급 받아 가면서 쌓았으니, 선배로서 고뇌하는 후배 직장인에게 마음의 지혜 몇 개쯤은 내놓아야 하지 않을까 하는 생각에서였다. 게다가 직장생활에서 경험하고 터득한 것을 내 것으로 만들려고, 실수들을 되새김하려고, 상사의 지시나 해야 할 일을 기록하려고 매일 메모하다 보니 상당한 분량의 생생한 자료가 쌓인 것도 책을 쓰게 된 계기가 되었다. 필자에게는 특별히 내세울 만한 실력이나 명성 따위는 없지만, 적어도 평범한 직장인이 느끼는 애환만큼은 누구보다 잘 안다고 자부한다. 그래서 출간에 용기를 낸 것이다.

기왕 출간 배경을 설명하는 김에 책 제목을 왜『마음도 퇴근이 되나요?』라고 정했는지 설명하는 것도 독자에게 도움이 될 것 같다.

'죽어라 일하는데, 왜 매번 승진과 성공은 나만 비껴갈까?'
'나는 왜 좋아하는 일을 못 하고 늘 싫은 일만 도맡아 할까?'
'내 주위에는 좋은 선후배는 커녕 왜 빨대들과 꼰대들만 있을까?'
'나는 언제까지 이 일을 할 수 있을까?'

이것은 주변에서 흔히 듣는 직장인의 넋두리다. 필자도 가끔 이렇게 푸념했다는 것을 부인하지 않겠다. 이런 고뇌나 자괴에는 저마다 원인이 있겠지만, 깊이 파고들면 대부분 '마음'과 '나 자신'의 문제로 귀착된다. 그리고 마음의 널뛰기는 대부분 이성보다는 감정에서 비롯됨을 알 수 있다. KFC의 창립자 커넬 샌더스가 "사람을 이해시키는 것은 논리이지만 결국 움직이게 만드는 것은 감정이다."라고 말한 것이나, 애플의 CEO 팀 쿡이 "스스로 외딴섬이 되지 않는 것이 중요하다. 나 자신이 인간관계를 맺는 근본이다."라고 말한 것도 맥락이 같다고 할 수 있다.

2017년 1월 고용노동부에서는 연간 직장 이직자 수를 발표했다. 자발적 이직자가 30만 2,000명, 비자발적 이직자가 30만 4,000명으로 전체 이직자 수는 대략 연간 60만 명을 넘어선다고 한다. 그런데 이 중 70% 이상은 사소한 '마음의 상처' 때문에 이직을 한다. 이것이 책에서 지혜로운 직장생활의 출발을 지식과 실력이 아니라 '마음'에서부터 찾고자

하는 이유다.

　이 책은 총 다섯 장으로 구성되어 있다. 만사가 귀찮은 3년 차 직장인의 마음에 공감하는 1장부터 여전히 미생인 채로 퇴직이 얼마 남지 않은 직장인도 행복한 직장생활을 할 수 있는 꿀팁으로 마무리하는 5장까지 일관되게 '마음의 처방전'을 제시하려고 노력했다. 물론 필자도 종종 마음의 처방전이 필요한 직장인이다. 그 편차와 강도는 줄었지만 힘들 때도 있고, 상처받을 때도 있고, 후회할 때도 있다. 이런 마음을 잘 조절하면서 자신의 강점을 강화시켜 나갈 수 있는 경험의 노하우를 나누고자 하였다. 그래서 딱딱하고 이론적으로 느끼지 않도록 무형식의 글을 선택했다. 이 책에서 필자가 사원 입장이었다가 부장, 팀장 입장이었다가 하는 것도 다 이런 까닭이다. 이 책으로 자기 관리, 관계 관리, 역량 관리의 요체가 마음 관리라는 것을 직장인 독자들이 많이 공감했으면 좋겠다.

　더불어 직장인 마음 관리는 작은 실행에서 비롯됨도 알려 주고 싶다. 나비 효과라는 말을 자주 들어 보았을 것이다. 1972년에 MIT공대 기상학과 교수인 에드워드 로렌츠는 참으로 엉뚱하고 발랄한 주제로 논문을 발표했다. "예측 가능성 : 브라질의 나비 한 마리의 날갯짓이 텍사스에 토네이도를 만들어 낼 수 있을까?"라는 논문이다. 처음에는 가벼워 보이는 제목 때문에 전문가의 외면을 받았는데, 시간이 지나면서 기상학 분야뿐만 아니라 일반 인문 사회학까지 전 세계에서 가장 많이 인용되는 이론이 되었다.

그 내용은 이렇다. 로렌츠 교수는 컴퓨터에 구현된 방정식에 따라 바람의 방향을 조절하여 대기순환 경로를 예측하는 프로그램을 연구했다. 그런데 수많은 데이터 중 1/1,000밖에 안 되는 작은 바람 값의 차이가 지구의 대기 순환 경로를 완전히 바꾸었다는 것을 발견했다. 아주 작은 시작이 엄청난 나비 효과의 결과로 이어짐을 증명한 것이다. 필자 역시 직장생활의 마음 관리도 이치가 똑같다는 것을 경험으로 확실히 배웠다. 그래서 필자의 작은 실천이나 유명인의 소소한 실행 사례도 중간중간 곁들였다.

이 책을 부담 없이 읽을 수 있었으면 좋겠다. 몰입해서 끝까지 정독하지 않아도 된다. 당신의 상황과 위치가 달라졌을 때 다시 꺼내서 읽고 도움이 될 수 있기를 바라본다. 모든 내용이 다 마음에 와닿지는 않더라도 개중 하나라도 당신의 마음 관리와 실행에 도움이 된다면 좋겠다. 신입사원에서 퇴직 준비생까지 '견뎌 내는 직장인'이 아닌 '성장하는 직장인'이 되는 작은 팁을 줄 수 있다면 더 바랄 것이 없겠다.

마지막으로 지난 29년간 직장인 남편을 한결같이 지지해 준 천사표 아내 정해은에게 고마움을 전하며, 아빠처럼 직장인의 길을 걷는 아들 영빈이와 딸 수빈이에게도 깊은 사랑과 응원을 보낸다. 함께 같은 길을 걷는 하이인재원 가족도 고맙고, 따뜻한 조언과 도움을 준 여러 선후배님께도 감사의 마음을 전하고 싶다. 무엇보다도 매일매일 고군분투하는 이 땅의 직장인들에게 아낌없는 응원을 보낸다.

2017년 12월 어느 겨울날
김승호

차 례

프롤로그 006

제 1 장
직장생활 10년, 당신은 행복한가요? 017

1. 만사가 귀찮은 3년 차 사원, 승진에만 목매는 10년 차 대리　019
2. 나를 편하게 해 주는 상사는 없다　025
3. 부장님, 저 퇴근 시간인데요　030
4. 직장인에게 퇴근은 있다? 없다?　035
5. 직장생활도 마음(心) 산책이 필요하다　040
6. 흔들리는 초심, 내 꿈은 어디에 있을까?　045
7. 지금 당신에게 필요한 네 글자 : 마.음.관.리.　050

공감백배 마음관리기술 꿀팁 . 1
마음의 힘 사용설명서　055

제 2 장
나는 매일 사표를 쓴다? 061

1. 나의 직장생활은 실패했다? 063

2. 퇴사한다고 행복할까? 068

3. 직장생활의 실수, 성장의 뿌리가 된다 073

4. 회사 업무를 안이하게 만드는 마음 자세,
   "어떻게든 되겠지?" 078

5. 개념 있는 직장인 vs 개념 없는 직장인 083

6. 브랜딩의 시대, 나를 마케팅하라 088

7. 부장님! 그냥 전화드렸어요 092

공감백배 마음관리기술 꿀팁 . 2
마음의 여유가 절대 필요한 이유 097

차 례

제 3 장
직장인 심리학, 직장인 마음(心)사용설명서 103

1. **유.비.무.환.** : 두려움, 걱정, 불안을 날려 버리자 105

2. **마음의 심리학** : 나는 뻔뻔해지기로 결심했다 109

3. **관계의 심리학** : 다르다는 것을 인정하라 113

4. **비교의 심리학** : 비교에서 벗어나라 118

5. **배려의 심리학** : 착한 배려는 상대방의 마음을 훔친다 122

6. **목표의 심리학** : 이슈는 이슈로 덮는다 126

공감백배 마음관리기술 꿀팁 . 3
마음에도 퇴근의 기술이 있다 131

제 **4** 장

업무의 달인,
나만의 특기 아홉 가지 전략　137

1. ⟨제1전략⟩ 계획을 수립하고 또 수립하라　139
2. ⟨제2전략⟩ 자동화 시스템으로 만들어라　144
3. ⟨제3전략⟩ 내가 좋아한다고 강요하지 마라　149
4. ⟨제4전략⟩ 나만의 특기를 만들어라　153
5. ⟨제5전략⟩ 보고의 타이밍을 잡아라　158
6. ⟨제6전략⟩ 독서의 기술도 전략이다　163
7. ⟨제7전략⟩ 업무에도 잔기술이 필요하다　167
8. ⟨제8전략⟩ 신뢰는 작은 인사에서 시작된다　171
9. ⟨제9전략⟩ 내 마음속에는 메모장과 펜이 있다　176

공감백배 마음관리기술 꿀팁 . 4
마음에도 지혜가 필요하다　181

차 례

제 5 장
나는 행복한 직장에 출근한다 187

1. **협력** : 혼자 일하지 마라   189
2. **마음** : 마음을 읽는 기술은 따로 있다   194
3. **업무** : 최고의 전략가가 되어라   199
4. **능력** : 내가 할 수 있는 한계를 생각하라   204
5. **경청** : 헛수고를 하지 않는 비법은 따로 있다   208
6. **자세** : 출근 10분 전, 생각 정리의 기술   213
7. **효율** : 잠자는 시간을 줄이지 마라   217

공감백배 마음관리기술 꿀팁 . 5
직장인, 그대의 이름은 미생? 아니면 완생!   222

제 **1** 장

직장생활 10년,
당신은 행복한가요?

1 만사가 귀찮은 3년 차 사원, 승진에만 목매는 10년 차 대리

대학을 졸업하고 회사에 들어가면 인생에서 모든 것을 완성했다고 생각하기 쉽지만, 실상은 그렇지 않다. 또다시 생활에 익숙해지고 인생이 재미없게 다가온다. 마치 다람쥐가 쳇바퀴 돌듯 매일 하는 업무가 똑같고, 매주 또는 매월 하는 업무에 치여 한 주, 한 달이 어떻게 지나가는지도 모른다. 내가 일을 잘하는 것인지 단순히 익숙해진 것인지 조차 구분이 안 된다. 매일 똑같은 방식으로 작동하도록 설계된 기계처럼 출퇴근 시간과 걷는 방향, 모든 것에 변함이 없다. 아침부터 상사의 잔소리는 2시간 넘게 계속되고, 앵무새처럼 매번 똑같은 말만 반복한다. 선배의 무용담은 하도 들어서 다음 이야기가 어떻게 전개될지 짐작이 가고도 남는다. 점심 식사 메뉴 정하는 것도 마찬가지다. 잘 고르면 본전이고 못 고르면 남은 오후 내내 뒤통수가 가려워지는 메뉴 정하기 미션은 '내가 이러려고 회사에 들어왔나' 하는 자괴감마저 안겨 준다. 결재 서류는 세 번 이상 수정해야 올라가고, 결과는 상사 기분에 좌우되기 일쑤다. 갓 들어온 신입사원은 시도 때도 없이 이런저런 질문을 해 대고, 1년된 후배는 회사 업무를 완벽하게 아는 양 인턴사원을 가르친다. 퇴근 시간이 다가오면 눈치작전도 치열하다. 제일 먼저 퇴근하는 사람은 눈에 띄기 때문에 서너 번째쯤 퇴근하려고 이리저리 머리를 굴린다.

국내에서도 사랑을 받았던 영화 〈사랑의 블랙홀〉에서 매일 아침 눈을 뜬 주인공의 하루가 2월 2일에 멈춰 있는 것처럼 당신의 직장생활도 어제가 오늘 같고 오늘이 어제 같이 느껴지지 않는가? 아마 직장생활에 익숙해진 사람이라면 어디서 많이 본 듯한 이 풍경에 '누가 내 이야기를 여기에 써 놨지?' 하는 생각마저 들 것이다. 이렇듯 만사가 귀찮아지기 시작하는 3년 차 사원에게는 부장이나 팀장이 출장이나 휴가 등으로 자리 비우는 날만 기다리는 것이 유일한 직장생활의 낙이 되었다.

필자가 다니는 회사에서 운영하는 신입사원 교육 프로그램 중에 '나의 직장 나의 미래'라는 과정이 있는데, 여기서는 각자가 자신의 미래를 설계하는 시간을 갖는다. 설레는 첫 직장, 바늘구멍 같은 경쟁률을 뚫고 들어온 신입사원의 열정은 정말 대단하다. 그들은 입사 후 포부를 밝히는 자리에서 "대표이사가 꿈입니다!"라고 자신있게 말한다. 그러나 3개월

후 '신입사원 클리닉' 프로그램에서 다시 만난 그들은 3개월 전에 가졌던 열정을 그리워하고, 1년이 지나면 어느새 꿈마저 희미해진다.

취업포털사이트 잡코리아가 웅진씽크빅과 함께 남녀 직장인 1,013명을 대상으로 '직장 사춘기 경험'을 조사했다. '직장 사춘기를 겪은 경험이 있나?'라는 질문에 전체 응답자 중 94.4%가 '있다'고 대답했다. 이것은 실로 엄청난 수치다. 게다가 직장 사춘기가 처음 찾아온 시기는 '신입직 입사 후 2년 차'라는 직장인이 33.2%로 가장 많았고, 이어 '1년 미만'에 직장 사춘기를 겪었다는 직장인도 27.9%나 되었다. 직장인이 겪은 직장 사춘기 증상으로 '의욕이 떨어지는 무기력증을 겪었다'는 응답률이 66.3%(복수 응답)로 가장 많았고, '지독하게 출근하기 싫었다'(54.5%)'거나 '업무 스트레스가 높아졌다(48.4%)'는 응답이 뒤를 이었다. 사람은 적응의 동물이라 무엇인가에 익숙해지면 금방 흥미와 열정을 잃는다.

연애도 그렇지 않은가? 아무리 마음에 드는 이성과 사귀어도 3년쯤 지나면 서로에게 익숙해져 싫증마저 느낀다. 애정 호르몬인 옥시토신 분비가 멈추기 때문이다. 직장생활도 3년쯤 되면 모든 상황에 적응하고, 새로운 것을 시도하기보다는 있는 것을 그대로 유지하려는 방향으로 순응하게 된다. 부모와 선배들은 3개월, 1년, 3년만 버티면 이후 직장생활을 정년까지 순탄하게 할 수 있다고 말하지만, 요즘은 꼭 그렇지만도 않은 것 같다. 사내 규정이나 분위기에 따라 다르지만 직장생활 10년 차면 과장 승진이 50% 이상은 되어야 하는데, 요즘은 인사 적체 때문에 승진이 채 20%도 안 되는 회사가 많다. 나름대로 업무에 최선을 다하고 실력도 인정받았지만 내가 있는 부서에 승진 TO가 없다면 승진의 길은 막히게 된다. 선배가 승진에 누락되면 그 뒷사람은 최소 2~3년은 더 기다려야 한다. 한 두 번은 기본으로 누락된다 해도 세 번 이상 누락되면 불안하다. 게다가 능력 있는 일부 동기가 나보다 먼저 승진이라도 하게 되면 더욱더 배우자와 부모를 볼 면목이 없다. 그동안 부장과 팀장에게 잘 보이려고 별짓을 다했는데 설상가상 부장과 팀장까지 다른 부서로 발령이라도 나는 날에는 그동안 술 마시면서 '너만큼은 챙겨 주겠다'고 했던 말은 모두 공염불이 되어 버린다.

한번은 회사에서 '하트콘서트'라는 특강을 했다. 강사는 고려대 심리학과 허태균 교수였다. 허 교수는 강의를 들으려 모인 직원들에게 이렇게 질문을 던졌다. "상사가 아주 기발한 아이디어라면서 이야기를 했을 때 그 이야기가 말도 안 된다는 생각이 들어서 '에이 말도 안 되는 말씀입니다'라고 한 번이라도 말한 적이 있습니까? 아니면 남들이 이렇게 말했다고 들어 본 것도 괜찮습니다. 손 들어 보세요." 이 질문에 아무도 손을 들지 않았다. 이어진 허 교수의 답이 더 재미있었다. "아마 없을 것입니다. 있다면 벌써 회사에서 퇴사했겠죠!" 토끼 같은 자식들과 자신의 미래 때문에 우리는 승진만 하면 무엇이든 할 수 있을 것처럼 목을 맨다. 때로는 상사의 의견에 무조건 '맞습니다'라고 맞장구쳐야 할 때도 있다. 상사의 의견이 정말 말도 안 되더라도 그 자리에서 있는 그대로 자신의 감정과 마음을 드러낼 수는 없다. 다들 'Yes'라고 말할 때 'No'라고 대답할 수 있어야 한다는 TV 광고가 내 마음을 움찔하게 하지만, 그것은 어디까지나 광고의 내용일 뿐이다. 정말 그렇게 했다가는 직장에서 퇴출 대상이 되고 말 것이다. 내 의견을 직설적으로 표현하면 이내 사회성이 없는 인간으로 찍힐 확률이 높다. 그러나 직장에서 '승진'이 결단코 삶의 가치와 행복의 잣대는 될 수 없다.

예전에 어떤 상사는 승진에서 탈락한 직원에게 "직장생활에서 승진 누락은 그리 큰일이 아니다."라며 웃으면서 말했다. 그러나 이 말은 그에게 전혀 위로가 되지 못했다. 직장이라는 조직에 묶여 삶을 살아가야 하고 거기서 뛰쳐나오기 전까지는 승진 스트레스에서 한순간도 자유로울 수 없다. 항상 승진하는 것은 아니기에 스트레스는 매번 찾아온다. 언제까지 승진만 바라보며 누락할 때마다 마음 아파하면서 지낼 것인가? 직장에서 일을 잘하는 것과 승진은 별개다. 똑같은 일에 익숙해진다고 해서 그것이 꼭 나쁘다고 할 수 있을까?

매일 똑같다고 생각하지만 사실 매일 똑같은 하루는 없다. 자기 스스로 얼마든지 새로운 하루를 주도적으로 만들어 나갈 수 있다. 직장생활은 인생의 일부일 뿐이지 전부가 아니라고 생각하면 훨씬 마음이 가벼워질 것이다. 결국 3년 차 사원이든 10년 차 대리든 직장생활이 힘든 것은 다 마음에서 기인한다. 매일 다람쥐 쳇바퀴 도는 일상이나 승진에서 누락했기에 힘든 것이 아니다. 그것을 받아들이는 마음이 힘들어 하기 때문이다. 직장생활에서 고단함을 느끼거나 매너리즘에 빠져 모든 의욕을 잃고, 절망스러운 상황이 계속 자기한테만 찾아오는 것처럼 느껴진다면 가만히 마음을 들여다보자. 그 마음을 관리하는 기술을 내 것으로 만드는 방법만이 직장생활을 더욱 유쾌하고 활기차게 만들어 준다. 필자도 마음 관리법을 터득하고 나서 직장생활을 대하는 태도가 많이 달라졌다. 지금은 내려놓을 것은 내려놓고 챙길 것은 챙기면서 직장생활을 즐기고 있다. 당신도 할 수 있다. 이제 직장생활이 행복해지는 마음 관리 기술들을 하나씩 살펴볼 것이다. 지금부터 당신의 새로운 직장생활이 시작될 것이다.

2 나를 편하게 해 주는 상사는 없다

　　　　　　　　직장생활의 성공에서 가장 중요한 조건은 '상사와의 만남'이다. 특히 처음 시작하는 신입사원에게는 두말할 필요가 없다. 좋은 상사를 만나는 것은 직장생활에서 최고의 선물이다. 상사와 어떤 관계를 맺느냐가 직장생활을 좌지우지한다고 해도 과언이 아니다. 수많은 상사 중에서 나에게 가장 큰 영향을 주는 사람은 임원도, 부서장도 아니다. 바로 위 직속 상사일 것이다. 군대에서도 선임자가 어떤 사람이냐에 따라 군 생활의 행, 불행이 결정되듯이 직속 상사는 직장생활에서 매우 중요하다. 인생의 대부분을 차지하는 직장생활에서 자기 의지와는 관계없이 만나는 직장 상사는 직장인에게는 너무나 중요한 요소다. 그럼에도 상사라는 존재가 상당수 직장인에게는 업무 스타일이나 성격이 맞지 않아 스트레스가 되고 있다. 필자도 직원들의 스트레스 주범일 때가 있음을 부인하지 않는다.

취업포털사이트 잡코리아가 직장인 스트레스 현황을 조사한 결과를 보자. 직장인 10명 중 8명이 '높은 스트레스로 건강에 이상이 생긴 경험이 있다'고 호소했는데, 53%는 상사·동료와 관계를 그 원인으로 꼽았다. 다음으로는 과도한 업무량(45%), 낮은 연봉(40%), 직무 불만족(26%), 성과에 대한 불만(20%), 고용 불안감(16%) 등의 순이다. 이 역시 모두 직장 상사와 직간접적으로 관련이 있다. 또 직장 내 '갑질' 관련 설문조사에서도 10명 중 9명이 반말이나 욕설, 무리한 일 요구, 업무 실적 빼앗기 등 직장 상사에게서 갑질을 당했다고 호소하면서 대부분 직속 상사를 갑질의 가해자로 꼽았다. 직속 상사가 52%로 CEO·임원(36%)이나 거래처 직원(19%), 고객(15.8%), 타 부서 선배(15.2%)에 비해 압도적으로 많았다. 설문조사에서도 볼 수 있듯 직장에 출근하기 싫은 가장 큰 이유로 직속 상사가 한 몫을 차지한다.

오죽하면 포장지에 직장 상사와 부하직원 간의 유머러스한 대화를 넣은 제품이 엄청난 인기를 끌고, 직장인 사이에서 일명 '사이다' 제품으로 통하며 출시된 껌까지 있을까. 화가 난 부장과 사장의 모습이 익살스럽게 표현된 껌을 씹으며 직장 상사에게서 받는 스트레스를 해소할 수 있다는 제품 관련 기사를 본 적이 있다. 이렇게 많은 직장인이 상사 때문에 스트레스를 받고 직장에서 굴욕감을 느끼며, 회사를 그만두고 싶어 한다.

사실 상사를 바꾸는 것보다 회사를 옮기는 편이 더 쉽지만, 그것은 해결책이 아니다. 한번은 사표를 낸 사원과 마지막 면담을 하면서 그만두는 이유를 물었더니 직속 상사 때문이라고 했다. 필자가 여러 번 만류했음에도 결국 다른 회사로 이직한 그 사원은 이직한 회사에서도 더 심각한 상사를 3명이나 만나서 또 퇴사했다. 현재는 구직 활동 중이라고 한다. 우리가 흔히 말하듯 또라이 상사는 어디에든 있다.

회사는 목표와 이익을 위해 존재하는 곳이다. 회사는 관리자에게 업무 관리를 대신 맡긴 것이다. 많은 직원이 직속 상사의 부당함과 문제점을 차상위 상사에게 이야기하지만, 회사는 쉽게 부하직원의 손을 들어주지 않는다. 필자도 상사의 업무 스타일 때문에 차상위 상사에게 면담을 요청하려다 결국 포기한 적이 있다. 멘토인 선배가 '퇴사할 정도로 심각한 문제가 아니라면 오히려 네 문제가 될 수도 있다'고 조언했기 때문이다. 스타일 차이, 다름에서 오는 문제는 서로의 관계와 감정이 해결되지 않은 채 지속되면 더욱 큰 스트레스를 야기한다. 필자도 부하직원으로서, 상사로서 아침에 출근하기 싫어 힘들었던 적이 한두 번이 아니다. 어느 때는 이유도 없이 잔소리가 싫어서, 업무의 견해가 달라서, 사사건건 방해만 일삼거나 책임을 회피해서, 상사인데도 라이벌로 인식하는 것이 피곤해서 등 이유도 참 다양했다. 당연히 해야 할 내 업무인데 상사 자신의 기분이 좋지 않다는 이유만으로 '그 일을 왜 당신이 하느냐'고 말할 때는 정말 사표를 집어 던지고 회사를 떠나고 싶었다.

이때마다 우리가 할 수 있는 일은 동료와 술자리에서 상사를 안주 삼아 잘근잘근 씹는 것이 고작이다.

필자는 지금 한 회사에서 교육을 총괄하는 업무를 담당하고 있다. 부서별로 관련 워크숍을 할 때가 있는데, 담당 임원인 필자의 참석 여부에 따라 결과물의 질이 달라지는 모습을 종종 본다. 부장부터 말단직원까지 필자 참석 여부에 촉각을 곤두세우는 것을 보면 필자 또한 상사라는 이유로 그들의 스트레스 대상임을 미루어 짐작할 수 있다. 직장 내 분위기 활성화 및 업무 효율화를 주제로 부서장들이 모여서 토의를 한 적이 있는데, 상사가 때로는 자리를 비워야 오히려 업무가 더 활성화된다는 의견이 압도적으로 많았다. 상사가 자리를 비우면 행복한 직장생활이 될 수 있다는 뜻이다. 업무 효율화에 어떤 때는 상사가 도움이 되고, 또 어떤 때는 오히려 방해가 되는 웃지 못할 상황이 생긴다. 그러나 직장생활에서 상사는 피할 수 없는 존재다. 스타일의 차이에서 오는 거부감이 생기면, 먼저 상사가 정말로 좋은 사람인지 나쁜 사람인지 가늠해 볼 필요가 있다. 자신과는 도무지 맞지 않는다면 최대한 부딪치지 않도록 노력해야 한다.

모든 면에서 능력이 있고 정당한 요구를 했음에도 상사에게 정면 대응한 불경죄로 18년이 지난 지금도 힘든 직장생활을 하는 사람도 있다. 당시에는 정당하다고 생각했던 행동들이 정말 정당했는지 이제와 객관적으로 보면 꼭 그렇지만도 않다. 스타일이 다르다는 이유로, 지적하는 방법이 마음에 들지 않는다는 이유로 무조건 배척하지 않았는지 생각해 봐야 한다. 자신에게 잘 대해 주지 않는다는 이유로 상사를 싫어하는 경우도 있다. 그렇게 생각하는 순간 그는 아주 나쁜 상사가 되고, 그의 모든 행동과 말은 부당한 것으로 여기는 고정관념이 생긴다. 상사에게 불만을 갖거나 스트레스를 받을 때 결국 손해 보는 것은 자기 자신이다. 상사를 고를 수도 없고 바꿀 수도 없다면, 그의 스타일을 인정하고 최소한의 범위에서 맞추려고 노력하는 것이 해결책이다. 무조건 배척하는 것은 옳지 않다. 그동안 어쩔 수 없는 상황이라고, 재수 없다고 신세 한탄만 했다면 지금부터라도 자신을 먼저 바꾸어 보자. 내 마음이 달라지면 상사와의 관계도 바뀔 수 있다.

3
부장님, 저 퇴근 시간인데요

"오후 4시, 박 대리는 시계만 계속 쳐다보고 있다. 그제부터 오늘까지 3일 연속 부장님, 팀장님에게 잔소리를 들었다. 신입사원인 막내는 선배 눈치만 살피고 영 적응하지 못하는 분위기다. 신입사원의 눈에는 박 대리가 퇴근 시간만 기다리는 것처럼 보일지도 모른다. 다른 팀인 김 과장님은 '내일까지 보고서 마감인데, 왜 이리 시간이 빨리 가는지 모르겠다'며 옆에서 투덜거린다. 오늘은 매주 수요일 6시 정시에 퇴근하는 패밀리 데이다. 박 대리는 사무실을 탈출하고 싶어 하고, 김 과장은 반대로 보고서 작성 때문에 충분한 시간을 갖고 싶어 한다."

"6시 퇴근 시간에 맞추어 퇴근 음악이 울린다. 아무도 그 음악을 듣지 못한 듯 미동도 하지 않는다. 퇴근 후 약속이 잡혀 있는 날에는 퇴근 시간이 가까워질수록 가슴이 두근거린다. 그날은 나의 오감신경이 빛을 발한다. 상사의 행동, 말투, 분위기 하나 하나 살피며 부장님의 퇴근 시간을 예상해 보면서 퇴근 작전을 펼친다. 자칫 비상사태라도 발생하면 모든 계획이 수포로 돌아간다. 정시가 되자마자 바로 퇴근하면 모든 사람의 시선이 쏠리기 때문에 서너 번째쯤 자연스럽게 사무실을 빠져나가는 것이 목표다. 떳떳하게 퇴근하기가 왜 이다지도 힘이 들까? 근로계약서에도 당당히 명시되어 있는 정시 퇴근은 어느새 꿈이 된 지 오래다."

"김 대리는 오늘 모처럼 약속이 있어 정시에 퇴근하려고 마음먹었는데 퇴근 직전, 팀장님은 중요한 업무 때문에 급하게 야근을 하자고 통보한다. 야근을 할까 말까 계속 마음속으로 고민해 본다. 약속도 중요하지만 오늘따라 왠지 팀 업무가 중요하다는 생각에 약속이 없다는 거짓말을 하고 야근을 하기로 한다. 야근 시작 전 팀장님이 간단히 식사나 하자고 해서 저녁을 먹으러 나간다. 팀장님 하소연을 듣다 술도 한잔 하고, 결국 8시가 넘어서야 사무실로 들어온다. 저녁 식사 내내 오늘 취소한 약속이 신경 쓰여서 밥도 제대로 못 먹었다. 사무실에 돌아와 서류를 정리하고 업무를 시작하려는데 '내일 이어서 하자'며 팀장님은 홀연히 퇴근해 버린다."

세 상황 모두 직장인이라면 한 번쯤은 경험했을 것이다. 공식적으로 일찍 퇴근하는 날조차 눈치를 보고, 모처럼 잡은 저녁 약속은 팀장 때문에 허무하게 깨지는 경우가 비일비재하다. 필자의 아들도 회사를 선택할 때 가장 중요한 조건으로 정시 퇴근을 꼽았다. 인턴 시절에는 야근이 많다고 들은 회사라 마지막까지 고민을 많이 했다. 필자는 이런 아들에게 "정시 퇴근이 꿈이라면 직장생활을 하지 말고 개인사업을 하라."고 조언했다. 하지만 아들은 개인사업을 할 만한 능력도 없고, 개인사업을 하면 쉬는 날이 하나도 없다면서 결국 회사에 입사했다. 필자가 글을 쓰는 이 순간에도 아들은 야근하지 않고 일찍 퇴근했다며 좋아라 한다.

필자가 신입사원 때 있었던 일이다. 당시 오후 4시면 어김없이 야근 신청서가 책상 위에 놓이고, 입사 동기와 선배의 눈치를 보면서 야근 신청을 하고는 했다. 일주일에 서너 번은 당연히 야근이었다. 상황이 이러하니 모든 직원이 어차피 야근할 것인데 하면서 업무 시간에 충실하지 않았다. 당시에 필자는 수원에서 광화문으로 출퇴근을 했는데, 서울역에서 마지막 기차를 타고 자정이 넘어서야 집에 도착한 적도 많았다. 필자가 사원 시절 경험한 숱한 야근 때문에 상사가 된 지금은 될 수 있으면 야근하지 않도록 하고, 불필요한 업무도 하지 않게 하는 것이 습관이 되었다. 아픈 만큼 성숙해졌다고 할까? 요즘은 눈치를 보면서 없는 일도 만들어 야근하는 시대는 아니다. 할 일이 많은 직장생활에서 효율적인 업무와 최적의 시간 관리는 업무의 선택과 집중이다.

필자는 고등학생 때부터 새벽 기도를 다녔기에 아침 일찍 출근하는 습관이 있다. 많은 생각이 필요한 계획 수립이나 중요한 의사 결정을 내려야 하는 업무는 이른 아침에 골든 타임을 만들어서 집중적으로 했다. 지금도 그 습관은 변함이 없다. 지점장 시절에는 더욱더 아침 시간을 업무에 활용하여 영업사원들이 출근하는 9시 이후에는 영업 지원에 전념했는데, 이 때문에 그들의 신뢰를 얻어 성과도 좋았다. 아침 시간에는 일의 능률이 몇 배나 높아 정시 퇴근이 가능하다. 모든 직장인이 일찍 출근한다고 해결될 문제는 아니지만, 직장에서 효율적으로 업무를 처리하고 싶다면 고려할 만한 방법이다. 효율적인 업무 수행은 '생산성 있게 시간을 어떻게 사용하느냐'의 문제다. 효율적으로 업무를 수행하려면 업무 과정을 정확히 이해해야 하고, 10분의 업무 준비와 계획에 충실해야 한다(이것은 4장에서 자세히 다룬다). 10분의 일정을 잡고 우선순위를 결정하다 보면 업무의 50% 이상은 달성한 것이다.

또 직장에서 불필요한 업무는 없애야 한다. 내가 하고 있는 업무를 나열한 후 소요 시간을 측정해 보고 효과를 분석하여 업무 기일에 맞게 과정을 계획하다 보면 불필요한 업무가 눈에 띈다. 이것은 특히 중간관리자 이상에서 관심을 갖고 해야 할 일이다.

우리의 '워라밸(워크 앤 라이프 밸런스)' 지수는 얼마일까? 일과 개인 생활의 밸런스인 '워라밸'을 잘 유지해야 저녁이 있는 삶을 즐길 수 있다. MBC에서 방송한 〈퇴근 후에 뭐하세요 – 사생활의 달인들〉 편을 보았다. 직장생활을 하면서 해녀 학교에 다니는 28년 차 직원, 내 삶을 이끄는 주체는 바로 나라는 당찬 발레리나, 16년 차 간호사가 프로격투기 선수로 활동하는 이야기였다. 이들은 대다수 직장인은 원치 않는 일을 하기에 '행복'을 경험할 겨를도 없이 오직 생계만을 목적으로 살아간다며, 꿈을 실천하면서 살아가는 지금이 너무나 행복하다고 말한다.

  필자도 직장생활을 하면서 직장인 중심의 합창단에 들어가 1년에 2회 정기 연주를 한 적이 있다. 당시 피곤한 직장생활에서 이것이 활력소 역할을 톡톡히 했었다. 이제 갓 직장생활을 시작한 딸아이도 업무가 끝난 후 요가와 프랑스 자수를 한다. 당신도 퇴근 후의 삶을 찾아보자. 좋아하는 것, 해보고 싶은 것을 찾아서 움직여 보자. 퇴근 시간만 기다리다 보면 결코 일이 즐겁지 않을 것이고, 일이 즐겁지 않으면 직장생활도 즐겁지 않을 것이다. 직장생활이 즐겁지 않다는 것은 삶이 즐겁지 않다는 것이다. 인생에서 삶의 대부분을 차지하는 직장생활이 중요하다는 것은 말할 필요가 없다. 인생에서 의미를 찾고 행복을 찾으려면 삶의 전부 또는 많은 부분을 차지하는 직장생활이 즐거워야 하고, 직장생활이 즐거워지려면 즐겁게 일하는 방법을 찾아야 한다. 퇴근 후가 즐거워야 다음 날 출근도 즐겁기 때문이다.

4 직장인에게 퇴근은 있다? 없다?

"김 지점장은 어디 갔나?"

"지점장 모임이 있어서 나갔습니다."

"어디로 갔는데?"

"잘 모르겠습니다."

"연락해봐."

"연락이 되지 않습니다."

이것은 1990년대 초반 사업부장과 총무(사무)직원 사이에 흔히 들을 수 있던 대화 내용이다. 스마트폰이 보편화되기 전에는 일명 잠수를 타면 끝이었다. 그나마 있던 삐삐조차도 안 된다고 우기면 상사와 부하직원

간에 연락할 길이 없었다. 삐삐라는 도구는 수신자의 성의에 따라 연락 여부가 결정되는 참 편리한 도구였던 것 같다. 스마트폰은 매우 짧은 시간 동안 우리 삶과 세상에 돌이킬 수 없는 변화를 불러왔다. 불과 10년 전만 해도 우리는 스마트폰 대신 카메라로 사진을 찍었고 길을 찾으려고 지도를 살펴보았으며, T9(아이스테이션의 초기 모델인 휴대용 미디어플레이어) 문자 메시지로 가족 및 친구들과 연락을 취했다. 핸드폰이 어느 순간 인터넷에 접속하기만 하면 목적지로 가는 길을 즉석에서 찾아주고, 이동 중에는 이메일을 주고받으며 언제든 사랑하는 사람들과 연락할 수 있게 해 주는 만물박사가 되었다.

돌이 갓 지난 아이에게 스마트폰을 쥐어 주면 자연스레 손가락을 화면에 대고 문지른다고 한다. 광고에서 본 행동을 흉내 내는 것일 수도 있지만, 아기도 금방 따라 할 수 있을 정도로 스마트폰 사용법이 인간 친화적이란 뜻이기도 하다. 대부분의 아기는 엄마가 보이지 않으면 금세 울음을 터트린다. 자신의 애착 대상이 보이지 않으니 불안한 것이다. 현대를 살아가는 우리도 스마트폰이 눈앞에 보이지 않으면 금세 불안감을 느낀다. 스마트폰을 활용하는 것에서 의존을 넘어 애착이 아닌 집착으로까지 이어진 것이다. 운전하다 보면 차는 보지 않은 채 스마트폰만 들여다보며 길을 걷거나 횡단보도를 건너는 사람을 많이 볼 수 있다. 이때마다 사고가 날까봐 겁이 나고 더 조심하게 된다. 과거에는 지하철이나 버스에서 신문이나 책을 읽는 승객이 많았는데 어느 순간부터 풍속도가 바뀌었다. 나이와 성별 구분 없이 모두 스마트폰만 들여다 본다. 사회적 이슈가 되었던 포켓몬고를 비롯한 온라인 게임에 몰두하는 사람이 너무 많다. 오랜만에 만난 친구들과 대화는 커녕 스마트폰에만 열중한다. 연수나 교육장은 물론 가족과 식사하는 동안에도 스마트 폰을 손에서 놓지 못한다. 그 결과 사람 사이에 당연히 누려야 할 교감과 대화가 단절되고, 어린아이들 또한 좁디좁은 스마트폰 내에서만 세상을 학습하게 된다.

직장생활에서도 스마트폰은 업무를 도와주는 협력자이면서 동시에 애물단지이기도 하다. 퇴근해도 퇴근이 아닌, 심지어 시간과 공간을 초월하는 업무 연속성의 빌미를 스마트폰이 제공한다. 이런 스마트폰은 직장생활의 업무에도 많은 변화를 가져왔다. 한 언론에서는 '정보 통신 기술의 발달은 퇴근 후 노동을 강제한다'고 정의한 바 있다. 국가 인권위원회의 '정보통신 기기에 의한 노동인권 침해 실태조사(2013년)'에 따르면, 설문조사 응답자의 67%가 퇴근 이후 또는 휴일에 스마트폰이나 이메일로 업무 지시를 받은 적이 있다고 응답했다. '연결되지 않을 권리', '근무시간 외 업무 메일이나 메시지를 무시할 권리'의 보장이 현실 과제로 등장한 것이다. 결국 스마트폰은 한국 노동자 전반에 깊게 뿌리 내린 장시간 노동으로 스트레스를 가중시키고 업무 집중도를 떨어뜨리고 각종 질병과 재해를 유발시키며, 가족 결속력 약화 등 삶의 질을 떨어뜨리는 주범이 되었다.

같은 사무실에서 일하는 김 부장이 휴가를 가도 이번 주 중요한 업무를 처리하는 데는 아무런 지장이 없다. 노트북과 외장형 하드, 와이 파이만 있으면 모든 업무를 실시간으로 진행할 수 있기 때문이다. 제주도는 물론 해외에서도 자료를 주고받을 수 있다. 문명의 편리함과 동시에 24시간 일에 얽매이는 모습을 피할 수 없게 된 것이다. 퇴근 이후 시간에 떨어지는 날벼락 같은 업무 지시, 꿀맛 같은 휴일에 끊임없이 울려 대는 상사의 업무 확인 메시지, 전화를 늦게 받으면 불같이 화내는 까칠한 상사 때문에 스마트폰은 우리 손에서 떨어질 틈이 없다. 서글픈 이야기이지만 이것이 직장인의 일상이자 올가미처럼 헤어날 수 없는 스트레스를 유발한다.

한 인터넷신문에서는 직장인의 점심시간 신풍속도를 소개했다. 짧기만 한 점심시간 밥 먹고 남는 시간에 뭔가 다른 일을 할 수 있다고 하지만, 회사가 밀집한 서울의 한 지역에는 밥 대신 잠을 보충할 수 있는 '수면방'이라는 것이 있다는 것이다. 점심시간 동안 부족한 잠을 보충시켜 주는 새로운 아이템이다. 그만큼 수면이 부족한 직장인이 많다는 뜻이다. 이 수면방은 만성피로에 시달리는 직장인의 아지트로 통한다. 간단한 음료는 물론 담요, 귀마개까지 제공하며 야근과 회식, 스마트폰에 얽매여 업무에 지친 그들의 몸에 '잠'이라는 활기를 불어넣어 준다. 금쪽같은 식사 시간까지 쪼개 잠을 보충할 만큼 오늘도 직장인들은 정신적 피로, 스트레스와 불편한 동거를 이어간다. 피할 수만 있다면 피하는 것이

상책이라지만, 스마트폰은 도저히 피해 갈 수 없다. 핸드폰을 노예폰으로 만들지 않고 자신에게 맞는 성장 도구로 활용할 수 있는 방법을 찾아보자. 특정 시간을 정해 그 시간에는 스마트폰을 사용하지 않거나 잠자기 전 2시간 동안은 스마트폰을 멀리하는 식으로 말이다. 과중한 업무 때문에 현실적으로 야근을 피할 수 없다면 마음 관리로 극복할 방법을 찾아야 한다.

5
직장생활도
마음(心) 산책이 필요하다

"맛있는 음식을 먼저 먹을래? 아니면 나중에 먹을래?" 누군가 이렇게 물어보면 필자는 나중에 먹는다고 대답한다. 식당에서 가장 맛있는 음식을 늘 마지막에 먹는 필자 모습을 보며 친구는 "맛있는 것을 먼저 먹어야지, 나중에 배불러서 먹으면 맛도 모르고 억울하지." 하며 충고 아닌 충고를 했다. 어떤 것이 맞을까? 성격이나 상황에 따라 다르다고 볼 수 있지만 얼마나 음식을 맛있게, 만족스럽게 먹느냐가 가장 중요한 것은 확실하다. 그렇다면 직장생활은 어떤가? 단거리인가, 장거리인가? 승진이 남보다 빠르고 퇴사하는 시점에 높은 직급에 있다면 성공했다고 볼 수 있는가? 필자는 이 역시 정답이 없다고 생각한다.

일반적으로 직장에서 처음으로 승진하는 직급은 '대리'다. 필자는 첫 승진에서 탈락한 사원에게 '직장생활은 길게 봐야 한다'며 선배에게 전해 들은 그대로 앵무새처럼 위로해 주었다. 역시나 승진 누락자 대부분은 필자의 이 위로를 이해하지 못한다. 필자 또한 최근에야 그 말을 제대로 이해할 수 있게 되었다. 회사에 갓 입사한 아들이 "선배가 '첫 승진인 대리에서 누락되면 직장생활은 끝이다'고 조언하는데 어떻게 하면 승진을 곧바로 할 수 있어요?" 하고 질문을 했다. 순간 적잖이 놀랐다. 물론 승진이 중요하지 않다는 말은 아니다. 아들이 승진보다 더 중요한 것을 알지 못하고 단기적인 목표에만 매달리는 것이 안타까울 따름이었다. 경쟁의 틀에서 아무것도 보지 않고 앞만 보고 달려가는 것이 진정한 행복인지, 마라톤 같은 인생을 단거리로 착각하여 전속력으로 달리는 것이 옳은지 생각해 봐야 할 문제다.

어느 가을날 친구인 사업부장과 골프장에 간 적이 있다. 예쁘게 물든 단풍 풍경이 기가 막힌 골프장이었다. 그는 "단풍이 이렇게 예쁜 줄 몰랐네. 이 골프장에 자주 다녔지만 오늘 처음 단풍을 보았어."라고 말했다. 이 골프장은 원래 단풍으로 유명하다고 말하자, 그는 그동안 접대 골프를 하느라 단풍을 구경할 정신이 있었겠냐며 하소연했다. 직장인은 늘 마음의 여유가 없는 생활을 반복한다. 필자 역시도 지난 시간 업무를 즐기며 여유를 가져 본 적이 거의 없다. 직원들과 해외연수를 가서도 스스로 일을 만들어서 했던 기억이 난다. 어느 날 필자는 업무에서 '여유를 갖고 일을 즐기자'라는 주제로 강의를 했는데, 그때 자신을 되돌아보는 기회를 가졌다. 그동안 필자에게는 정말 여유가 없었다. 그 누구도 아닌 필자 자신이 그렇게 만든 것이다. 시간의 여유가 아니라 마음의 여유가 없었는데, 최근에는 여유를 찾으려고 노력한다. 연초에 업무차 여수행 KTX에 몸을 실은 적이 있었다. 좌석에 앉자마자 업무부터 확인하는 모습을 보면서 '이러면 안 되지' 하는 마음에 창밖으로 고개를 돌렸다. 그러자 그동안 보이지 않던 풍경이 너무도 아름답게 눈에 들어왔다. 순간 지난날 골프장에서 친구에게 '단풍을 왜 보지 못했느냐'고 꾸짖던 일이 떠올라서 머쓱해졌다.

지점장으로 근무할 때의 일이다. 한번은 영업본부 전체 지점장끼리 월악산으로 워크숍을 간 적이 있다. 당시 워크숍의 주목적은 '쉼'이었다. 간단한 교육을 받고 다음 날 계곡을 따라 간단하게 산책하는 일정이었다. 모두들 가벼운 마음으로 산책한다며 운동화, 심지어는 슬리퍼를 신고 참석했다. 하지만 현실은 월악산 정상까지 가는 등반이었다. 대다수가 가벼운 차림으로 나왔기에 정상으로 가는 길목에서 여기저기 흩어진 것은 당연했으며, 심지어 점심도 못 먹는 상황에 이르렀다. 모두들 이것이 산책이냐며 볼멘소리와 함께 불만이 터져 나왔다. '쉼'이라는 목적에서 어느새 극기 훈련으로 변한 것처럼 우리 직장생활도 늘 그렇게 고달프다. 너무 힘든 시절을 지나 정상에 올랐지만 상처뿐인 영광이고, 높은 직급에 올랐지만 몸이 만신창이가 되었다면 무슨 소용이 있을까?

우리는 미래 때문에 현재를 저당 잡힌 사회에 살고 있다. 많은 사람이 현재가 아닌 '내일을 생각하라, 미래를 대비하라, 은퇴를 준비하라'고 부추긴다. 오늘도 열심히 일하는데 마음은 늘 불안하다. '이번 고비만 넘기면, 이번 프로젝트만 지나면 편안해지겠지' 하다 보면 어느새 5년, 10년이 훌쩍 지나 있다. '가장 편하고 여유 있는 시기는 바로 지금 이 순간이다'라고 고백하는 어느 퇴사자의 말은 상사로서 그동안 많은 잘못을 했다는 반성을 하게 한다. 우리는 직장생활을 왜 할까? 똑같은 직장생활임에도 어떤 사람에게는 고통의 나날이고, 또 어떤 사람에게는 즐거운 생활일까? 필자는 그것이 마음의 문제 때문이라고 생각한다.

보통 직장생활을 장거리 경주에 비유하는데, 기간이 긴 만큼 직장생활을 대하는 태도와 마음이 중요하다. 1등을 해야 하는 선수처럼 죽자 살자 매달리지 말고 주변의 풍경도 살피면서 동료들과 함께 즐거운 마음으로 산책하듯 직장생활을 해야 한다. 과거와 미래와 현재 중에서 가장 중요한 것은 현재다. 누군가 가장 중요한 금은 '지금'이라고 했듯이 오늘, 지금 내가 어디에 서 있고, 무엇을 하며, 만족할 만한 삶을 사는지가 중요하다.

필자는 요즘 직원들에게 농담 삼아 자주 이렇게 말한다. "이 대리, 놀고 있네?" 또는 "지금 뭐하면서 놀고 있나?" 그러면 직원들은 정색하면서 "아닙니다! 열심히 일하고 있습니다!"라고 대답한다. 그럼 "나는 놀고 있는데 이 대리는 왜 안 놀지?"라고 되묻는다. 그러면 또 잔뜩 힘을 주며 "정말 열심히 일하고 있습니다."라고 다시 대답한다. 그제야 필자는 직원들에게 '일을 놀이처럼 하자, 일에서 즐거움을 찾자'는 의미라고 이야기해 준다. 이제는 직원들에게 "뭐하냐?"고 물으면 "놀고 있습니다!"라고 웃으면서 대답한다. 나도 편하게 지내는 상사가 어디서 노느냐고 물으면 "연수원에서 놉니다."라고 대답하곤 한다. 말이라도 논다고 말하면, 업무는 진짜 놀이가 된다. 직장생활의 즐거움은 상사와 동료를 새로운 시각에서 바라볼 수 있게 해줌으로써 기쁨을 안겨 준다. 같은 일을 하면서 다른 결과가 나타나는 것은 오로지 마음가짐에 달렸다.

6 흔들리는 초심, 내 꿈은 어디에 있을까?

　　　　　　필자는 2001년 한 회사에서 인력개발팀장으로 근무했다. 당시 과장급 이상 전 직원을 대상으로 하는 비전스쿨이라는 과정을 개발하여 9개월간 진행한 적이 있었다. 주제가 '잃어버린 꿈을 찾자'였다. 그 과정에서 끊임없이 '어떻게 하면 입사 때의 꿈을 되찾을 수 있을까?'를 고민했던 기억이 난다. 교육생의 입사지원서와 신입사원 시절 교육받던 사진 등을 다양하게 준비했는데, 과정 개발 후 결재 단계에서 어려움을 겪게 되었다. 회사 사정도 어려운데 이런 교육이 필요한가 하는 의구심 때문이었다. 9개월 동안의 노력이 헛수고로 끝날 뻔했지만 시범 과정만이라도 개설하는 조건으로 우여곡절 끝에 교육을 시작할 수 있었다. 교육생 중에는 교육에 불만을 품었던 입사 14년 차 김 과장도 있었다.

첫 강의가 시작되자 김 과장은 "계속 야근하느라 업무 처리도 힘든 판에 무슨 교육이야!' 하면서 불량한 태도를 보였다. 그러다 옛 추억을 떠올리게 하는 제기차기와 고무줄놀이를 하자 조금 흥미를 보였다. 그리고 '관계와 신뢰'를 주제로 서로 이야기를 나눌 때는 마음이 많이 풀린 듯했다. 교육생들의 입사 당시 사진을 보여 주자 김 과장은 자신을 찾는 데 열중했다. 사진을 보면서 동기들 이름을 하나씩 불러 보기도 하고, 입사 때와는 많이 변한 자신을 보면서 추억에 잠기기도 했다.

'신뢰와 열정, 편, 비전'이라는 주제로 2박 3일간 진행된 비전스쿨은 옛꿈을 다시 찾아보고 목표를 설정하는 시간이었다. '내 꿈과 비전'이라는 주제로 팀별 대화를 나눌 때는 입사 때 꿈이 무엇이었는지 다들 말하기를 꺼려 했다. 당시 김 과장 앞에는 자신이 입사 때 작성한 지원서가 놓여 있었다. 자신감과 열정으로 포부를 밝히는 입사 지원서였다. 그것을 보고 김 과장은 한동안 생각에 잠겼다. 자신만만했던 입사 초기의 모습은 어디에도 없고, 매일 산더미처럼 쌓여 있는 업무를 처리하느라 급급한 자신의 모습이 떠올랐다. 김 과장은 '꿈을 생각하는 것은 사치'라면서 힘겹게 이야기를 시작했다. 이 말에 같은 팀원들 모두 공감을 표시했다. 이후 입사 때 마음을 떠올리고 다가올 미래를 기대하면서 버킷리스트 20개를 적는 시간을 가졌다. 중장기 목표, 단기 목표, 세부 실천 방법, 기한 등을 작성하는 시간 내내 즐거움이 넘치는 모습들을 볼 수 있었다. 나도 버킷리스트를 두 장 작성해서 하나는 액자에 담고, 또 한 장은 비전 캡슐에 넣었다. 비전 캡슐은 10년 후 다시 개봉하기로 하고 강의를 마쳤다. 강의에 참여한 모든 직원은 오랜만에 꿈을 찾아 기쁘고, 이런 감동적인 교육은 처음이었다며 소감을 밝혔다. 강의에 참석한 이후 임원으로 승진한 한 부장님은 비전스쿨이 자신의 인생에서 커다란 전환점이 되었다고 이야기했다.

입사하기도 어렵고, 입사 후에도 견디기가 쉽지 않은 요즘 직장인은 직장생활을 하면서 어떤 꿈을 꿀까? 정년까지 가늘고 길게, 아무 일 없이 가면 되지 않느냐고 말하는 사람도 있을 것이다. 필자는 힘들게 스트레스받아 가며 정년까지 다니는 것이 꼭 정답이라고 생각하지 않는다. 이왕 하는 직장생활, 뭔가 보람 있고 즐거워야 의미가 있지 않겠는가? 필자가 현재 근무하는 회사에서는 경력사원을 자주 채용한다. 채용 면접에 참석하면 신입이든 경력이든 면접에서 똑같이 하는 말이 하나 있다. "뽑아만 주신다면 회사를 위해서 정말 열심히 일하겠습니다!" 급여가 적더라도, 계약직이라도 상관없다고 한다. 물론 당장 입사해야 하는 입장에서는 그렇게 말할 수밖에 없을 것이다. 그러나 처음 면접 때는 그처럼 당차게 밝혔던 포부가 입사 후에는 사라지는 직원을 많이 본다. 최선을 다하겠다던 사원과 퇴사 면담을 할 때면 입사할 때 마음은 어디로 사라졌는지 찾을 수가 없다. 그만큼 직장생활에서 초심을 유지하기란 어려운 일인지도 모르겠다.

필자는 직원들에게 힘들고 어려울 때 필요한 '초심을 유지하는 방법'을 자주 이야기한다. 국제공인재무설계사(CFP) 자격증을 취득하려고 공부할 때의 일이다. 공부를 좋아하는 사람은 거의 없다. 필자도 공부하기 싫을 때마다 갖가지 핑계를 대지만, 이런 마음과 생각이 일어날 때마다 물리칠 수 있는 방법을 터득했다. 매일 아침 자격증 취득 후의 삶을 마음속으로 그리며 초심을 잃지 말자고 다짐하는 것이다.

우리는 일을 할 때나 어딘가를 가야 할 때 목표를 정하고 중간 점검을 한다. 특히 긴 항해와 같은 인생을 시작할 때는 표류하지 않고 목적지에 도착하려면 중간중간 점검하고 문제를 보완해야 한다. 인생의 많은 부분을 차지하는 직장생활을 행복하게 보내기 위해서라도 자신의 삶을 되돌아보고, 반추하는 시간이 필요하다. 살면서 가장 많은 시간을 보내는 직장생활이 무의미하다면 인생 전체가 무의미하게 된다. 직장을 꼭 돈 때문에 다니지는 않을 것이다. 누구나 한때는 열정적으로 의미를 부여하며 소신을 갖고 일한 적이 있을 것이다. 직장생활에서 즐거움을 찾으려면 초심을 찾거나 열정적이었던 그때의 마음을 되찾아야 한다. 가장 지치고 힘들 때 찾아야 하는 마음, 괴로울 때 용기를 주는 것은 초심이다. '이 회사의 사장이 되는 것이 꿈입니다', '많은 후배에게 본보기가 될 수 있는 선배가 되는 것이 꿈입니다'라고 자신감에 가득차 말했던 그때의 다짐을 떠올리는 것이다. 필자가 시험공부 때문에 힘들 때마다 합격 후 삶을 상상하며 이겨 냈던 것처럼, 당신도 직장에서 힘들고 지칠 때마다 입사 때 꿈꾼 목표와 이상을 이루는 상상을 해보자. 그리고 그 꿈들을 성취했을 때 어떤 결과를 얻을지 그려 보자. 직장에서 일하는 마음이 조금은 즐거워질 것이다.

7 지금 당신에게 필요한 네 글자 :
마.음.관.리.

"김 과장, 일본 연수 출발 일정이 2주밖에 남지 않았는데,
 연수대상자를 왜 이제야 보고하는 거지?"
"어제 결정이 끝났습니다."
"연수대상자는 3개월 전에 확정해야 하지 않나?"
"아닙니다. 회사 사정으로 어제 확정했습니다."
"누구를 속여! 보고가 늦었으면 죄송하다고 말하면 될 것이지
 왜 핑계를 대!"

김 과장은 부서장이 잘못을 나무라는 것은 이해하지만 자신을 믿어 주지 않아 너무나 화가 났다.

"이 대리, 어제 다녀온 화성상사에는 왜 또 가는 거야?"
"어제 마무리하지 못한 일이 있어서 오늘도 가 봐야 합니다."
"이 대리는 외근이 너무 잦아. 나머지 시간에 뭐하는지 모르겠어?"

의심의 눈초리로 말하자, 이 대리는 '부장님처럼 다들 업무 시간에 땡땡이나 치는 줄 아세요?'라고 속으로 불평하며 사무실을 빠져나간다.
최 대리는 아침에 출근하자마자 자리에 앉지도 못한 채 1시간째 서서 잔소리를 듣고 있다. 이제는 잔소리를 넘어 인신공격까지 하는 부장의 말을 언제까지 참고 들어야 하는지, 서류를 던지고 나가 버릴까 고민하는 중이다. 새로 들어온 신입 여직원은 업무 범위를 넘어선 대리의 사적인 심부름을 계속하고 있다. 못 한다고 하자니 찍힐 것 같고 시키는 대로 하자니 속이 상한다. 오늘도 대리가 시킨 커피 심부름만 세 번째다. 곧바로 부당함을 이야기하려다 '한 번만 더 시키면 못 하겠다고 말해야지' 다짐하며 출입문을 나선다.

이처럼 직장생활을 하다 보면 '당장 때려치우고 싶다!'는 생각을 할 때가 한 두 번이 아니다. 우리 회사의 홍 대리는 상사의 잔소리에 화를 참지 못하고 곧바로 다이어리를 책상에 던지고 나가 버렸다. 욱하는 감정이 폭발한 것이다. 이후 홍 대리는 상사와의 불화로 여러 부서를 전전하다가 결국은 퇴사했다. 실적 때문에 스트레스를 받은 부서장이 '통제되지 않는 부하직원 때문에 화가 나 20층 건물에서 뛰어내리고 싶은 심정이었다'는 이야기를 들었을 때는 가슴이 철렁하기도 했다.

누구든지 화는 낼 수 있지만, 감정을 통제하느냐 마느냐에 따라 인생이 달라지는 것은 부인할 수 없다. 필자도 부서장의 잘못을 대신 뒤집어쓰고 징계를 받은 적이 있다. 그때 낸 사직서가 수리되었다면 필자는 이 자리에 없었을 것이다.

운전을 하다 보면 화가 나는 상황이 종종 발생한다. 내가 받은 만큼 상대방에게도 피해를 주고자 끝까지 따라가고 싶은 마음이 생긴다. 어느 날 아내가 차선을 변경하는데 택시기사가 대놓고 입에 담지 못할 욕을 하며 고함을 질렀다고 한다. 그것을 참고 있었느냐고 물었더니 아내는 오히려 이렇게 말했다 "아이큐가 50밖에 안 되는 오랑우탄하고 무슨 이야기를 해요?" 정말 그렇다. 분노, 절망 등 부정적인 감정은 정신 연령이 어린아이와 같다고 한다. 우리는 순간적인 분을 참지 못해 화를 내어 사회적으로 매장된 저명인사를 많이 보았다. 며칠 전 회사에서 신임부서장 교육이 있었는데, '미래 4차 산업에 대한 대비책을 수립'하자는 것이었다. 4차 산업에 대한 대응책 중 하나로 직원들의 창의력이 무엇보다 중요하다는 결론을 내리고, 창의력을 발휘하게 하려면 부서장으로서 어떤 역할을 해야 하는지 토론했다. 그 방안으로 자신의 감정을 조절해서 직원들에게 화를 내지 않고 그들이 자유롭게 의견을 개진할 수 있는 환경을 만들자고 했다. 직장생활에서 직원들의 대화를 가만히 들어 보면 '분노'라는 감정이 얼마나 흔하게 발생하는지 알 수 있다.

분노나 격분은 종종 상대방에 대한 공격을 유발하는데, 인간관계에서 발생하는 크고 작은 시빗거리, 잔소리 때문에 쉽게 분노가 생기고, 그렇게 폭발한 분노는 종종 크고 작은 다툼으로 발전한다. 최근에는 '층간 소음 살인사건'처럼 홧김에 저지른 폭행, 방화, 살인 등 범죄가 늘어 사회적인 문제가 되고 있다. 많은 사람이 사회화 과정을 겪으면서 자연스럽게 분노를 조절하는 방법을 터득한다. 하지만 통제되지 않은 분노는 자신과 사회에 모두 큰 피해를 입힌다. 직장을 그만두는 이유의 80%는 인간관계 때문이다. 그도 그럴 것이 인간관계는 많은 사람이 신경을 씀에도 쉽게 해결할 수 없는 일이기 때문이다. 회사뿐만 아니라 친구 간, 부부 간, 부모 자식 간, 고부 간 등 사람 사는 일에 인간 관계가 아닌 것은 없다. 감정이 조절되지 않는 큰 이유가 바로 인간 관계에서 느끼는 감정들 때문이다. 관계에서 상처를 받기 쉽다. 상처는 수신자 부담이라고 하지만 인간은 누구나 상처를 받는다. 직장에서도 상사와 동료, 부하직원 간에 생각과 가치관이 다르기 때문에 우리는 쉽게 상처를 주고받는다.

감정이란 참으로 미묘하다. 생각이 감정을 만들어 내고, 감정이 생각에 기름을 부으면서 점점 불편한 감정으로 거세게 흘러간다. 필자 역시도 상처 때문에 정신적인 혼란과 아픔을 겪어 몸이 망가진 경험이 있다.

의학적으로는 근본적인 치료가 안 된다. 예전에는 분노가 발생하면 내 몸을 통제하지 못하고 당황해서 어찌할 바를 몰라 힘들었지만, 이제는 감정을 어느 정도 통제할 수 있게 되었다.

한 잡지에서는 분노가 마그마처럼 솟아오를 때 사용할 수 있는 방법으로 숫자 세기, 분노에 반응하는 방법 바꾸기, 진정된 후 분노 표현하기, 생각한 후 말하기, 구체적으로 표현하기, 가능한 해결책 확인하기, 운동하기, 자리 피하기, 거울 보기, 도움 청하기 등 열 가지를 소개했다. 감정을 잘 조절하는 사람은 자신이 어떤 감정을 얼마나 느끼고 있으며, 어떤 영향을 미칠지 인식한다. 누구나 격한 감정을 느낄 때가 있지만, 어떤 사람은 감정이 식기를 기다리거나 표시가 나지 않게 조절할 줄 안다. 감정은 선택하는 것이지 그대로 표출하는 것이 아니다. 이제부터 감정을 선택해 보자. 당신은 자신이 느끼는 감정의 주인인가? 노예인가? 한번 생각해 보자. 좋은 감정을 선택하는 방법은 다양하다. 감정에 휘둘리지 않고 감정을 선택하는 것이 마음 관리 기술이다. 직장생활을 좀 더 오래 즐겁게 하고 싶다면 이 마음 관리 기술을 터득하여 내 것으로 만들어야 한다. 필자가 할 수 있었던 것처럼 당신도 할 수 있다.

공감백배 마음관리기술 꿀팁 . 1

마음의 힘 사용설명서

"이번 결과는 어떨 것 같아?"
"글쎄, 요즘 좀 많이 피곤했었는데 큰 문제나 없어야 할 텐데.
 다음 주에 결과 들으러 가는데, 조금 불안해. 매년 평가받는
 기분이야."
"내일이 그날인데 오늘 술 마셔도 되나?"
"지금까지 한 번도 받으신 적이 없어요?"

　모두 건강검진 이야기다. 모든 사람이 정기적으로 건강검진을 받는 것은 아니지만 대체적으로 1년에 한 번, 국민건강공단에서는 2년에 한 번 정도 건강검진을 받으라는 안내문을 보낸다. 어느 날 마음을 다룬 책을 읽으면서 마음의 건강검진이라는 단어가 떠올랐다. "상대방의 마음을 아는 온도 게이지가 얼굴에 정확하게 나타난다면 얼마나 좋을까?"라고 하던 아내의 이야기도 생각났다. 정말 모르는 것이 사람의 마음이다. 필자는 젊어서 어려움을 겪어 그런지 분기에 한 번, 마음속을 들여다보는 심리적인 자가검진을 실시한다. 첫

번째는 신앙생활에서의 영적인 검진, 두 번째는 개인, 가족 간 관계 검진, 세 번째는 직장에서 업무와 관련된 일이나 사람들과 관계 검진, 네 번째는 신체적인 건강 문제를 정기적으로 검진한다. 마음이 불편하거나 힘들 때, 원인 모를 스트레스를 받을 때 이 네 가지 점검 기준에 따라 순서대로 잠시 생각해 보면, 그 원인과 해법을 찾을 수 있어 효과적이다.

"상무님 요즘 힘들어 죽겠어요!"
"그래 많이 힘들구나. 무엇 때문에 그렇게 힘들어?"
"모르겠어요."
"이유를 모르겠다고?" "네!"

무엇 때문에 힘든지 모르겠다는 후배의 이야기를 듣고, 이 네 가지 자가검진 순서에 따라 대화를 나누어 보았다. 첫 번째와 두 번째는 별다른 문제가 없었다. 세 번째 직장에서 과다한 업무와 부하직원과의 관계 때문에 힘들어 하는 것을 발견했다. 이처럼 정기적으로 자가검진을 하거나 멘토나 선배와 대화를 하면서 내 마음을 알 수 있다.

『내 마음 다치지 않게』의 '면회' 부분에서 설레다는 이렇게 말한다. "내 마음 이제야 보러 왔어. 네가 이렇게 될 때까지 몰랐어. 미안해. 미안하다." 사람들은 남의 마음 살핀다고 자신의 마음은 어떠한지 잊어버리고, 나중에 편하게 살겠다고 마음 지치는 줄도 모르고 일하다 마음의 검진 시기를 놓치는 경우가 대부분이다. 직장생활에서 자신의 마음을 가장 객관적으로 진단하는 때가 바로 퇴사하는 날이라는 우스갯소리를 많이 한다. 직장생활을 하면서 자신에게조차 가면을 씌워 스스로 마음을 속일 때가 있다. 벌거벗은 내 마음의 민낯을 보면서 마음을 검진하고 다스리는 시간을 주기적으로 가질 필요가 있다.

첫 번째 마음 관리 기술은 내 감정의 주인공이 되는 것이다. 미국 제25대 대통령 윌리엄 매킨리는 인사 문제로 국회에서 비난을 받은 적이 있다. 인사 문제와 관련해서 대통령이 연설을 끝내자 한 하원의원이 공개적으로 폭언을 퍼부으며 계속 비난했다. 이에 매킨리 대통령은 일체 대꾸하지 않은 채 미소만 짓고 있었다. 하원의원이 말을 그치자 "그렇게 욕을 하시니 이제 화가 좀 가라앉으셨나요? 엄격하게 따져 의원님에게는 저를 비난하거나 문책할 권리가 없습니다. 그렇지만 저는 지금부터 최선을 다해 추가 설명을 하겠습니다."라고 대답했다. 해당 의원은 욕설을 퍼부은 자신이 부끄러워서 더는 대응하지 않았고, 국정 연설은 대통령의 완승으로 끝났다. 이처럼 상대방의 페이스에 말리지 않고 감정을 조절해서 내 감정의 주인공이 되자.

두 번째 마음 관리 기술은 자신이 무엇을 할 때 즐겁고 기쁜지 아는 것이다. 영국의 세계적 철학자 버트런드 러셀은 인간은 하루 4시간만 밥벌이를 하고 나머지는 즐거운 일을 하면서 보내야 한다고 말한다. 이것은 하루 4시간만 일을 하고 나머지 시간은 놀라는 말이 아니다. 4시간 동안은 일에만 몰입하고, 나머지 시간은 일을 하더라도 일상의 행복과 연결되는 즐거운 일을 하라는 뜻이다. 직장에 매여 있는 사람들이 사적인 여유를 충분히 찾기는 쉽지 않다. 그것도 한참 일을 할 실무자 시절에는 더욱 그렇다. 그래서 일과 일상의 즐거움을 동시에 줄 수 있는 일거양득의 즐거움이 있어야 한다. 자신이 무엇을 할 때 즐겁고 기쁜지 고민한 후 정말 좋아하는 일을 찾아서 만들어 보자.

세 번째 마음 관리 기술은 과거의 상처와 트라우마에서 벗어나는 것이다. 아시아 최초의 국제 공인 부부치료 전문가이자 심리치료 전문가인 숭실대 오제은 교수는 역경을 극복한 일화로 유명하다. 그는 어린 시절부터 심한 마음의 상처, 실패와 고통으로 점철된 인생길을 걸으면서 극심한 자살 충동에 시달렸다. 그러다 내면의 상처를 직시하고 치유하면서 마침내 심리상담가로 인생의 길을 튼 드라마틱한 전력이 있다. 그는 머리가 아닌 가슴으로 상대방의 아픔을 들을 수 있게 된 것은 스스로가 '상처 입은 치유자'이기 때문이기도 하지만, 무엇보다도 상처받은 영혼인 자신과 깊은 대화를 나누고 과거의 상처를 진솔하게 타인에게 공개했기 때문이라고 고백한다. 상처 입은 채로 생각을 계속 곱씹으면 분노가 급격히 솟구친다. 이때는 생각을 차단해야 한다. 생각을 차단하는 연습을 함으로써 과거의 상처와 트라우마에서 벗어날 수 있다. 뒤돌아보지 말자. 마음속에는 과거가 아닌 오직 현재와 미래만 있어야 한다. 그래야 자기 마음을 통제할 수 있다.

『마음을 파는 백화점』의 박옥수는 '좋은 마음을 골라 살 수 있는 마음을 파는 백화점을 차리고 싶다'고 말했다. 그만큼 마음 다스리기가 쉽지 않다는 말일 것이다. 그러나 그렇게 어려운 내 마음 다스리기가 또 한편으로는 티끌만큼 사소한 마음 먹기로도 얼마든지 다스려진다. '고질병'에 점 하나를 찍으면 '고칠병'이 되고, '자살'을 반대로 하면 '살자'가 되고, '빚'이라는 글자에 점 하나를 찍으면 '빛'이 된다. 즉, 마음 심(心)에 마음먹기의 작대기 한 줄만 그으면 반드시 필(必)이 되니, 마음을 먹기만 하면 대부분 일의 절반은 이룬 셈이다. 내가 실제로 어떤 삶을 살아왔든 마음 먹기에 따라 삶은 마음먹은 대로 바뀐다. '내 직장생활은 행복하지 않은 날이 없었다'고 매일 마음 먹기 시작한다면 직장은 가고 싶은 곳이 될 것이고, 직장생활은 행복할 것이다.

제 **2** 장

나는 매일
사표를 쓴다?

1 나의 직장생활은 실패했다?

박 대리는 술을 마시면 가끔 실수를 한다. 평상시에는 조용하고 말이 없지만 술만 마시면 술기운을 얻어 상사와 동료에게 직설적으로 말하는 스타일이다. 이번 부서 회식에서도 그동안 마음속에 담아 두었던 업무 불만을 표출했다. 박 대리의 학교 선배인 이 과장은 부장님도 함께한 자리여서 어색한 분위기를 해결하려고 노력했지만, 이미 분위기는 싸늘해진 후였다. 윗사람에게 잘 보이려고 아부하는 성격이 아닌 박 대리는 이번 일로 상사에게 찍힌 것 같다며 매우 힘들어한다. 내년 1월 1일에 승진되는 명단을 오늘 12월 31일에 발표했다. 작년에 이미 한 차례 진급이 누락된 박 대리는 내심 승진을 기대하면서도 "이번에도 안 되면 어떻게 하지?" 하는 불안한 마음이 든다. 그런데 아니나 다를까 승진 명단에 박 대리의 이름이 없다. 직장생활 1순위 목표가 '승진'이라고 해도 과언이 아니듯 승진은 직장인에게 최고의 관심사다. 하지만 승진이 늦었다고 직장생활이 실패한 것인가? 그렇지 않다. 승진 때만 되면 선배가 한 말이 떠오른다. "모든 차는 고속도로 종점 톨게이트에서 만난다."

아무리 빨리 달려도 마지막에는 종점에서 만난다는 말이다. 마찬가지로 직장에서 승진에 일희일비할 것 없다고 조언해 보지만, 당사자는 쉽게 인정하지 못한다. 한 선배는 전 직급에서 매번 승진이 누락되었지만, 지금은 한 회사의 대표이사를 맡고 있다. 마라톤에서 메달이 목표인 선수는 출발부터 선두 그룹에 있어야 가능성이 있지만, 직장생활에서 최상위 직급(대표이사, 임원)을 목표로 삼은 사람은 처음부터 선두로 달릴 필요가 없다. 그것이 직장생활과 마라톤의 차이다. 한 취업포털 사이트에서는 최근 직장인 1,318명을 대상으로 '직장 내 흑역사'를 주제로 설문조사를 실시하고 그 결과를 발표했다. 결과에 따르면, 직장인의 86.7%가 '직장생활 중 이불킥을 부르는 흑역사를 겪은 적이 있다'고 답했다. '이불킥'이란 자려고 누웠는데 부끄럽고 창피한 일이 생각나 이불을 걷어차는 것이다.

가장 지워버리고 싶은 직장 내 흑역사 1위로는 너무나 치명적이었던 업무상의 실수와 잘못(37.7%)을 꼽았다. 2위는 상사, 동료와의 마찰·불화(30.0%), 3위는 회식, 야유회 등 각종 술자리에서 실수(28.6%)를 각각 꼽았다. 또 직장인에게 '그 흑역사가 내 발목을 잡는다고 느낀 적이 있는지'를 물은 질문에는 무려 70.4%가 '그렇다'고 대답했다. 흑역사가 어떻게, 어떤 방식으로 발목을 잡았는지 묻는 질문에 '나도 모르게 위축되고 계속 신경이 쓰였다(48.7%)'는 응답이 절반에 달했고, 여기에 '두고두고 회자되며 놀림감이 됐다(13.3%)'거나 '내 평판에 흠집이 났다(11.6%)', '내가 낸 성과보다 저조한 평가를 받는 등 불이익을 받았다(11.1%)'는 응답이 이어졌다. 이처럼 실수를 하면 직장생활이 실패했다고 생각하는 경우가 높은데, 그렇지 않다.

필자도 업무 처리 미숙으로 상사에게 찍혔다고 생각해서 상사를 만나거나 전화 통화를 할 때마다 위축된 적이 많다. 누구나 실수한 후에는 당연히 위축되고 의기소침해지며 기가 죽는다. 작은 실수를 반복하다 보면 큰 실수를 하게 되고, 큰 실수는 자존감을 낮추는 악순환으로 이어진다. 실수를 했다고 불성실한 것도 아닌데 말이다. 지극히 정상적인 사람이라면 누구든지 큰 실수든 작은 실수든 하게 마련이다. 그런데 우리는 자신이 한 작은 실수 때문에 출근하기가 싫어지고, 상사를 피해 다니며, 죄책감을 스스로 눈덩이처럼 키워 퇴사까지 고려한다. 이럴 때마다 사표를 쓴다면 아마 사직서가 책 한 권쯤은 될 것이다.

예전 한 방송에서 혜민 스님은 남의 시선에 많은 신경을 쓰며 스트레스를 받는 사람에게 이렇게 말했다. "생각보다 사람들은 우리한테 관심이 없습니다. 너무 지나치게 신경 쓰지 마세요." 필자는 직장에서도 똑같다고 말하고 싶다. 상사나 동료, 부하직원들은 생각보다 나에게 큰 관심을 갖지 않는다. 정말 치명적인 실수가 아닌 이상 세부적으로 자세히 기억하지 못한다. 당시에는 상사에게 심각한 실수로 치명적인 상처를 남겼음에도 시간이 지나면 상사는 아무것도 기억하지 못한다. 상사 머리가 나빠서가 아니다. 그 정도 실수는 누구나 할 수 있다고 이해했거나 시간이 지나 저절로 잊어버린 것이다.

필자 또한 어느 날부터 슬슬 피해 다니는 직원에게 도대체 왜 피해 다니냐고 물었더니, 예전에 크게 혼난 뒤로 도망을 다니게 되었다고 말했다. 물론 무엇 때문에 그 직원을 혼냈는지 이유는 고사하고 혼낸 일조차 잘 기억이 나지 않았다. 직장에서 몇 번 실수했다고 이직하는 것만큼 바보 같은 짓도 없다. 새로운 직장에서 똑같은 실수를 반복하지 않으리라고 어떻게 보장하는가? 실수는 언제나 내가 의식하지 못하는 순간에 발생한다. 실수는 실패가 아니라 자신을 되돌아보라는 신호이므로 원인을 찾고 다시는 반복하지 않도록 신경 쓰면 되는 것이다. 내 업무 습관과 패턴을 살펴보고 개선할 점을 찾아 보완하는 것이 직장생활에서 성장이고 발전이다. 아직도 직장인에게 최고의 드라마로 꼽히는 〈미생〉의 안영이처럼 완벽하게 업무를 처리하고 싶겠지만, 직장생활을 하다 보면 마음처럼 되지 않을 때가 더 많다. 누구나 잘하고 싶은 마음이 굴뚝같지만 어이없는 실수를 저지를 때도 있고, 막다른 골목에 다다른 것 같은 상황에 놓이기도 한다. 이때는 과연 어떻게 대처하는 것이 현명할까?

우선 필자가 제시하는 가장 좋고 확실한 대처 방법은 상사에게 즉각

보고하고 도움을 요청하는 것이다. 상사에게는 한꺼번에 많은 일을 처리할 수 있는 능력이 있다. 많은 경험을 겪으면서 그 자리에 올랐기 때문에 아무래도 부하직원보다는 신속하고 합리적으로 사태를 수습할 수 있다. 이미 늦었다고 자포자기하지 말고 있는 그대로 이야기하면 된다. 직원들이 저지르는 실수의 대부분은 상사에게는 별로 심각하지 않을 수도 있다. 더욱이 대면하기 두렵다고 피하면 사태만 더 악화시킬 수 있으므로, 차라리 정면 돌파하는 것이 확실한 해결책이 될 수 있다. 지금까지 직장생활을 잘해 왔으면서 한 번의 실수로 찍혔다고 퇴사하는 것만큼 어리석은 일도 없다. 갓난아기는 두 발로 걷기까지 2000번 이상 넘어지고 일어서는 일을 반복한다. 직장생활에서의 실수 역시 갓난아기가 걷는 과정과 같다. 갓난아이는 넘어졌다고 걷기를 포기하지 않는다. 직장생활을 열심히 소신 있게 한 사람은 언젠가 성공한다.

2 퇴사한다고 행복할까?

강 차장은 매우 흥분한 상태로 오늘도 회사를 그만두겠다며 면담을 요청한다. 퇴사 후 갈 데는 정했냐고 물으니 일단 그만두고 대책을 세울 것이라고 말한다. 퇴사 이유는 상사와 업무 처리 방식이 달라서였다. 즉, 서로의 가치관 차이 때문이었다. 직장인이라면 누구나 '이직'을 생각한다. 자신의 경력을 위해, 꿈을 실현하기 위해 이직을 생각하기도 하지만, 보통은 직장생활에서 겪는 굴욕적인 일, 억울한 일, 화나는 일 등 때문에 이직을 생각하는 사람이 더 많다. '어느 때 직장인의 이직 욕구가 극에 달할까?'라는 주제로 직장인들에게 설문조사를 했더니 인간관계와 비교 두 가지 문제 때문에 이직 또는 퇴사를 결심한다는 결과가 나왔다.

첫째, 인간관계의 문제다. 직장인은 흔히 '일이 힘든 것은 참을 수 있지만 사람 때문에 힘든 것은 참기가 어렵다'고 말한다. 상사나 동료와 성격이 맞지 않거나 일 처리 방식 때문에 불화를 겪으면 아무리 좋은 회사라도 견디기가 쉽지 않다. 대부분의 직장인은 실제로 직장 내 인간관계를 가장 힘들어하며, 퇴사 이유로 80%가 인간관계를 꼽은 설문조사 결과만 봐도 얼마나 인간관계의 문제가 심각한지 짐작할 수 있다. 매일 얼굴을 맞대야 하고 하루 3분의 1이 넘는 시간을 같이 보내야 하는 사람들이기에 심각한 고민이 될 수밖에 없다. 특히 직속 선배나 상사와 불화가 심하다면 더욱 그렇다. 결국 직장에서 가장 버티기 힘든 문제는 일보다 사람과의 관계다.

둘째, 비교의 문제다. 비교는 크게 승진과 차별 대우로 나눌 수 있다. 먼저 승진 문제는 동료 또는 후배보다 늦게 승진하는 경우다. 같이 입사한 동기가 먼저 승진하는 것도 견디기 힘든데, 설상가상 후배가 먼저 승진을 하면 거의 자포자기 상태가 된다. 동기간의 우정에도 금이 가고, 승진한 후배를 축하해 주지는 못할망정 오히려 피하게 되고 자존감도 급격하게 떨어진다. 그러면서 현 직장을 그만두고 다른 직장에서 일하면 불편함이나 스트레스가 덜하지 않을까 고민하게 되는 것이다. 다른 하나는 불합리한 차별 대우인데, 동일한 조건임에도 급여의 차이, 평가의 불만, 일의 중요도에서 경중의 차이, 심지어 상사와 식사 횟수의 차이까지 비교하면서 스스로를 하찮은 존재로 인식하는 것이다. 그렇다면 인간관계의 문제와 비교의 문제를 어떻게 해결할 수 있을까?

사람은 누구나 자기중심적으로 말하고 생각하게 되어 있다. 그러므로 내 생각이 모두 옳고 100% 맞는다고 생각하지 말자. 나와 생각이 다르다고 해서 무조건 상대방의 말을 배척해서는 안 된다. 내 생각이 비효율적이거나 틀릴 수도 있다는 열린 마음을 갖는 것이 중요하다. 또 모든 사람은 다르며 그 사람 입장에서는 그럴 수도 있다는 생각으로 관계의 문제를 해결한다.

다음으로 비교의 문제를 해결해 보자. 심리학적 용어로 '파랑새 증후군'이라고 하는 이 심리 현상은 현실에 만족하지 못하고 자꾸만 이상만 생각하면서 현실을 벗어나려고 하는 인간의 특성이다. '비교'는 본질적으로 남과 상대적인 평가를 함으로써 발생하기 때문에 영원히 채워질 수 없다. 나보다 잘난 사람, 나보다 더 일 잘하고 대우를 더 잘 받는 사람은 언제 어디서든 튀어나올 가능성이 높다. 비교하기는 자존감, 자존심을 구별하는 키워드이기도 하다. 자존감은 나를 존중하고 사랑하는 마음, 즉 '나는 가치 있는 사람'이라고 느끼는 마음이다. 그 가치는 누군가와 비교해서 생기는 것이 아니라 스스로가 느끼는 것이다. 그러나 자존심은 '남과 비교에서 생기는 우월감 내지 열등감'이다. 자존심이 앞서면 내 생각보다는 남들이 나를 어떻게 보는지에 더 신경을 쓰게 된다. 사소한 것 하나도 '나'를 기준으로 판단하지 못하고 '남'을 기준으로 선택하다 보니 하루하루가 더 힘든 것이다.

　결론적으로 남과 비교하여 자신을 깎아내리는 태도는 '더 좋다'는 것의 진짜 속내를 알고 나면 해결할 수 있다. 진짜 속내를 살펴보면 '내가 정말 좋아하는 일'이 아닌 '남이 무엇을 더 좋게 보는가'가 우선일 때가 많다. 직업은 한순간 하고 마는 것이 아니라 내 삶을 책임질 평생의 업(業)이다. 그렇기에 남들이 좋다고 추천하는 일을 선택하거나 남보다 빠른 승진, 남보다 더 좋은 평가와 급여를 받아야 한다는 강박관념에서 벗어나야 한다. 이런 부정적인 생각들이 내면을 장악하는 순간 이직은 예정된 수순이 되어 버린다. 내가 하는 일이 보잘것없어 보이더라도 누군가는 해야 할 일이며, 마음먹기에 따라 작은 성공의 씨앗이 된다는 것을 명심해야 한다.

　경력 직원을 채용하려고 면접을 볼 때의 일이다. 한 지원자에게 전 직장에 대해 이야기해 보라고 하니, 전 회사의 문제점과 왜 자신이 퇴사할 수밖에 없었는지 변명을 늘어놓았다. 그래서 "우리 회사에서도 같은 문제가 발생한다면 어떻게 할 것이냐?"고 되물으니, 여기서는 그런 문제 없이 잘 지낼 수 있다고 에둘러서 대답했다. 그 면접자는 우수한 경력과 실력을 갖추었음에도 최종 면접에서 탈락했다. 준비되어 있지 않은 이직은 애초에 이익이 없는 도전이다. 현재 다니는 직장에서 얻은 많은 업무 지식, 네트워크, 노하우 등을 버리고 다시 시작해야 한다. 새로운 사람들과 인간관계를 형성하려면 많은 시간이 필요하고, 업무 처리 방법도 새로 익혀야 하며, 낯선 환경에도 적응해야 한다. 당신이 새롭게 선택한 직장은 또 다른 누군가가 힘들어서 그만둔 곳일 수도 있다.

이직을 마음먹으면 누구나 현재 있는 곳이 지옥처럼 느껴져 빨리 벗어나고 싶어진다. 아들이 대학을 졸업하고 첫 직장에 입사할 때, 필자가 당부한 말이 있다. "퇴사하기로 마음먹고 이직하려고 할 때 현실을 벗어나고 싶은 도피인지, 아니면 새로운 목표가 생겨 도전하려는 것인지 반드시 확인해야 한다." 지금 있는 곳에서 적응하지 못하면 다른 곳에서도 마찬가지다. 정말로 이직을 고려 중이라면 먼저 자신에게 두 가지 질문을 던져 보자. 이 두 가지 질문에 한 점 부끄러움 없이 'YES'라고 대답할 수 있을 때 퇴사를 결정해야 한다. 첫 번째 질문은 '현재 하고 있는 일이 나의 적성에 전혀 맞지 않는가?', 두 번째 질문은 '이곳은 아니라고 판단할 만큼 노력을 했는가?'이다. 이 두 가지 질문은 『일생의 일』 저자 김민태가 한 것이지만, 우리 모두에게 반드시 던져 봐야 할 질문이다.

3
직장생활의 실수, 성장의 뿌리가 된다

"너는 30대에 날벼락을 맞아서 지금 잘 살고 있는 거야!" 45년간 가깝게 지내는 초등학교 친구와 몇 년 전에 나눈 이야기다. 친구는 부러움 반, 후회스러움 반쯤 섞어 농담처럼 말했다. 신혼 초 친구와 필자는 같은 아파트에서 살림을 시작했는데 지금 필자는 44평에서 살고, 친구는 28평에서 산다. 비슷한 경제적 상황에서 결혼 생활을 시작했음에도 이제는 세 배 정도 차이가 나는 것이다. 결혼 후 필자가 어렵게 마련한 아파트는 IMF 때 빚보증을 잘못 서는 바람에 팔았다. 이후 15번이나 이사를 하는 등 어렵게 살았다. 비로소 경제적인 어려움을 극복하고 현재는 비교적 안정적인 삶을 살고 있다. 반대로 신혼 초에 필자보다 안정적인 삶을 살았던 친구는 더 이상 재산을 늘리지 않고 신혼 때 집에서 그대로 살고 있다. 물론 현재의 재산만을 이야기하는 것이 아니다. 어려운 시간을 이겨 내는 과정에서 전보다 재산도 더 늘어났고 정신적으로도 삶의 중요성과 의미를 깨닫게 된 것이다. 말하자면 전화위복이 된 셈이다. 시련이 찾아왔을 때 어떻게 대처하느냐에 따라 사람의 인생은 망하기도 하고 흥하기도 한다. 고통은 우리를 변하게 하고 방어하게 하고 생각하게 만듦으로써 발전시킨다. 몸에 상처가 났는데 고통이 없다면 대부분 몸에 이상이 생긴지도 모른 채 생명을 잃게 될 것이다.

대부분의 성공한 사람은 어제를 힘들게 보냈다. 그리고 오늘도 힘들게 보낸다. 내일도 고통스러울 것을 알지만 모레는 아름답다고 믿는다. 사장을 가르치는 사장으로 유명한 김승호 작가가『알면서도 알지 못하는 것들』에서 언급한 것처럼 성공한 사람에게는 반드시 실수와 실패의 고통을 이겨낸 경험이 있다. 실수는 성공하는 과정이라고도 볼 수 있으며, 흔히 종교에서 말하는 고난과 연단, 담금질이라고 말할 수도 있겠다. 담금질이란 쇠붙이를 불에 달구었다 물에 식히는 것을 반복하여 더욱 단단한 쇠를 만드는 과정이다. 역량을 높이는 방법도 담금질과 비슷하다. 시행착오와 실수를 거듭하면서 긍정적인 생각을 확고히 다짐으로써 경험과 능력을 터득하는 과정이다.

필자는 직장생활을 하면서 대체로 일을 잘했지만, 가장 많은 실수를 하고 가장 많은 문제를 야기한 사람 중 한 명이기도 했다. 한 영업점에서 지점장을 맡았을 때는 관리 실수로 설계사가 보험료를 횡령한 일도 있었다. 당시 제주도까지 도주한 설계사를 수소문해 붙잡아서 어렵게 사고를 처리했다. 처음 지점장이 되어 겪은 일이라 적잖이 당황했는데, 그 일을 반면교사로 삼아 금전사고 예방과 영수증 관리의 중요성을 깨달아 차후에 똑같은 사고가 발생하지 않도록 예방하고 관리할 수 있었다. 사원 해외연수 때는 비행기표 예약을 잘못하는 바람에 연수생들이 원하는 항공기를 타지 못한 적도 있었는데, 그 사건은 지금까지도 후배들에게 전설적인 실수로 회자되고 있다. 이외에도 책에는 기록하지 못하지만 이루 헤아릴 수 없이 많은 실수를 저지르고 실패한 경험이 있다. 지금도 직원들에게 지난 실수를 이야기하면 "상무님께서 업무 처리에서 그런 실수를 하셨다고요? 믿기지 않는데요?"라며 반신반의한다. 그런 실수들이 없었다면 필자의 성장은 물론, 현재 스스로 만족할 만한 업무 처리 노하우도 쌓을 수 없었을 것이다.

필자는 직장생활의 1/3을 보험영업을 했다. 특히 리크루팅(보험회사에서 매월 영업사원을 모집하는 과정)을 하면서 겪은 실수와 실패는 지금의 성장을 이룬 중요한 계기가 되었다. 보험회사에서 리크루팅은 매출 목표를 달성하는 것과 함께 가장 중요한 업무다. 최근에는 전국을 돌며 지점장들에게 리크루팅 교육을 실시하는데, 필자를 소개할 때 빠지지 않는 내용이 '사업부장으로서 리크루팅 부진회의에 최다 참석한 사람'이다. 보험회사에서 리크루팅 부진회의에 참석하는 것이 얼마나 힘들고 치욕적인 일인지는 겪어 보지 않으면 모른다. 그러나 부진회의 참석이 필자가 점포평가에서 최우수상을 수상할 수 있었던 견인차 역할을 했음은 부인할 수 없다. 한번은 리크루팅 부진회의에 참석한 마케팅 본부장님이 회의에 참석한 사람들의 심정을 어루만져 준 적이 있다. 옆에 앉은 다른 임원에게 어떻게 그렇게 참석자의 심정을 잘 아느냐고 물었더니 그도 한때는 부진회의 단골이었다고 이야기했다. 이처럼 실수 하나 없이 승진한 임원은 극히 드물다. 아인슈타인도 남은 생애 동안 더 많은 실수와 실패를 거듭할 수 있게 해 달라고 소망하지 않았던가.

필자가 사업부에서 근무할 때의 일이다. 보험회사에도 은행처럼 창구 업무가 있는데 주로 고객들의 보험계약 해지, 약관대출 등 금전적인 업무를 처리한다. 어느 날, 창구에 신입사원이 배치되었다. 처음이라 실수가 많을 것이라고 예상했지만, 2개월이 지나도 아무 사고 없이 업무를 처리하고 있었다. 신입사원임에도 업무를 잘 처리하는 것을 칭찬하는 자리에서 결국 많은 실수를 발견하고 말았다. 그동안 잘 몰라도 아는 척, 자신의 무능함을 드러내고 싶지 않아 실수를 감추고 아무렇지 않은 듯이 일하고 있었던 것이다. 몰라서 묻는 것은 절대 부끄러운 일이 아니다.

『하워드의 선물』에서 에릭 시노웨이 교수는 "거절과 실패에서 자유로운 사람은 아무도 없으며, 아무리 재능이 뛰어난 사람이라도 늘 이기는 것은 아니다. 실패는 또 다른 이름으로 부르는 전환점이다. 그것도 더 나은 곳으로 가기 위한 긍정의 전환점으로 인식할 때 더 큰 성장이 담보되는 것이다."라고 말했다. 직장에서도 크고 작은 실수는 누구나 하며, 실수 이후에 어떻게 대처하느냐에 따라 그 사람의 발전 방향은 극과 극으로 나뉜다. 실수는 '잘하라'는 시그널인 동시에 앞으로 '잘하겠다'는 마음속 의지의 표현이다. 실수를 하게 되면 더 잘할 수 있는 기회가 왔다 생각하고, 자신감을 갖고 적극적으로 업무에 임해 보자.

4 회사 업무를 안이하게 만드는 마음 자세, "어떻게든 되겠지?"

2002년 12월 7일은 꿈의 복권이라 부르는 로또가 시작된 날이다. 필자도 2회 때 로또 복권을 구입했는데, 온 가족이 텔레비전 앞에 앉아 숫자를 맞추던 기억이 생생하다. 그날 내가 산 로또 복권은 한 자리 숫자만 맞아 텔레비전을 시청하는 동안 흥분하던 딸아이는 결국 실망하고 말았다. 그 이후 더 이상 로또 복권은 사지 않았지만, 우리 주위에 많은 사람이 막연한 기대감을 갖고 매주 로또 복권을 산다. 복권에 당첨된 사람 중 행복한 삶을 사는 사람이 거의 없다는 것은 누구나 아는 사실이다. 그럼에도 우리나라를 비롯해 수많은 나라에서 여전히 로또 복권으로 인생 역전을 꿈꾸는 사람이 많다.

복권에 당첨될 확률은 870만 분의 1이라고 한다. 이것은 벼락을 두 번이나 연속해서 맞아 죽을 확률이다. 벼락을 한 번 맞고 다시 살아나서는 한 번 더 맞아 죽을 확률이다. 이렇게 희박한 확률에도 토요일 오후만 되면 로또 복권을 판매하는 가판대 앞에는 많은 사람이 줄을 길게 늘어선다. 이 중에는 재미 삼아 사는 사람도 있지만 인생 역전을 노리는 사람이 더 많을 것이다. 많은 직장인이 매주 로또 복권을 구입하며, 농담 반 진담 반으로 "월요일에 출근하지 않으면 로또 맞은 줄 알아."라고 말한다. 필자는 그렇게 낮은 확률인 로또 복권을 사는 사람의 마음속에는 '나에 대한 착각'이 숨어 있다고 생각한다.

내가 로또를 사면 당첨될 것이라는 착각, 근거 없는 자신감, 막연한 기대심이 그것이다. '노력하지 않고도 뭔가 되겠지'라는 착각은 '인생 역전'이라는 삶의 요행을 바라게 된다. 매사에 매우 긍정적인 한 후배가 있다. 오히려 너무 긍정적이어서 탈이다. 아무 계획과 노력 없이 막연하게 잘 될 것이라는 생각으로 지내는 사람이다. 긍정적인 마음을 가지는 것은 좋지만, 아무런 노력 없이 막연한 기대와 허황된 꿈을 갖고 무작정 기다리는 것은 잘못된 태도다.

황성주 박사의 『암은 없다』에서 가짜 희망과 진짜 희망을 소개한다. 막연한 기대가 암 환자에게 얼마나 큰 위협이 되는지, 또 암을 이겨 내려면 가짜 희망이나 기대가 아닌 진짜 희망이 필요하다는 사실을 역설한다. 그리고 병을 이겨 내려면 어떤 마음가짐을 갖고 어떻게 실행해야 하는지 알려 준다. 이어서 출간된 『암 재발은 없다』에서도 암 재발 싸움에서 막연한 기대를 갖는 것을 경계하라고 말한다. 그는 막연한 기대감만으로는 암과 전쟁에서 승리할 수 없으며 전략이 필요하다고 말한다. 과학적이면서 전략적인 사고가 필요하다는 말이다. 암 재발 메커니즘을 바로 알고 자신이 처한 상황에 맞게 정확한 방법으로 대처해야 한다. 암 수술 후 자신을 그냥 방치하는 것은 아무런 소용이 없다. '괜찮겠지, 나아지겠지' 하고 방심하는 사이, 막연한 기대가 더 큰 문제를 야기할 수도 있다는 말이다.

아들이 군 생활을 할 때 다른 대학에 시험을 본 적이 있다. 군 생활을 하면서 현재 다니는 대학이나 학과보다 더 나아 보이는 새로운 학교(학과)에 입학하고 싶은 열망이 생긴 것이다. 군에서 입시공부를 조금 한 아들은 다른 대학에 원서를 접수했다. 걱정을 했더니 전역이 3개월밖에 남지 않았으니 시험이라도 한번 보겠다는 것이다. 아들의 대답에 필자는 오히려 '시험에 덜컥 합격하면 어떻게 하나' 내심 걱정이 앞섰다. 새로운 대학에 입학할 만큼 노력하지 않은 듯한데, 합격이라도 하면 세상을 너무 만만하게 보지 않을까 하는 우려 때문이다. 다행히 아들은 불합격했다. 큰 노력 없이 원하는 결과를 얻는다면 당장은 기쁠지 모르지만 후에 더 큰 문제가 발생한다. 노력하지 않고 얻을 수 있는 것은 결코 없다.

회사에서 장기 프로젝트를 진행할 때다. 평소 프로젝트에 무임승차를 잘하는 박 차장이 프로젝트 팀원으로 선발되었다. 모두들 걱정이 앞섰다. 이번 프로젝트에 왜 박 차장이 참석하는지 불만이 많았다. 박 차장은 자신이 맡은 업무에는 별 관심이 없고, 남의 일에 참견하는 것이 일이다. 게다가 자신은 노력하지 않은 채 다른 팀원이 내놓은 결과만 기다리는 전형적인 무임승차 팀원이다. 그런 박 차장에게 이번에는 문제가 발생했다. 보고서 기일에 자료를 제출하지 않은 것이다. "박 차장, 지난번에 맡긴 보고서 어떻게 되었지?" 하며 김 부장이 최대한 부드러운 말투로 물었다. 부드러운 부장의 말투에 박 차장의 특기가 살아났다. "다른 부서에서 자료를 제출하지 않아 늦어졌습니다." 박 차장은 오늘도 꼼수를 부려 다른 부서 탓만 한 것이다. 그런데 실상을 확인하니 이번에도 박 차장이 뒤늦게 요청하는 바람에 해당 부서는 밤을 새우며 자료를 만들어 제출했다. 결국 해당 업무를 처음부터 다시 시작해야 하는 사태까지 이르렀다. 그럼에도 박 차장은 자신의 실수를 인정하지 않고 다른 사람에게 덮어씌우기 바빴다. 자신의 실수를 인정하고 업무를 개선했다면 시간적인 손해와 금전적인 손해를 줄일 수 있었는데도 말이다.

막연한 기대감을 잘 조정하지 못하면 어느 순간 핑계만 대는 사람으로 변질된다. 직장 내에서도 아무 노력 없이 막연한 기대만 갖고 남이 차려주는 밥상에 숟가락을 얹으려는 사람들이 있다. 그리고 일이 잘못되어도 책임지려는 마음은 커녕 남 탓에만 열을 올리기 때문에 막연한 기대감은 원천적으로 제어할 필요가 있다. '시간이 흐르면 어떻게든 해결되겠지'

하는 생각은 너무 무모하다. 의욕을 가지고 매진해도 이룰 수 있을까 말까 한데 막연한 기대와 상상만으로 모든 일이 이루어진 것처럼 행동하면 더 큰 희망 고문이 되어 우리를 괴롭힐 수 있다.

5 개념 있는 직장인 VS 개념 없는 직장인

　　처음 지점장으로 발령받고 1년이 지났을 때다. 당시 함께 근무하던 총무직원은 업무 경험이 전혀 없는 그야말로 신출내기였다. 설계사들이 자동차보험상품과 관련해서 질문을 할 때마다 그 직원은 매우 귀찮아했다. 가끔은 신경질적인 반응도 보였다. 그러나 자신이 잘 아는 장기보험상품을 질문할 때는 태도가 180도로 달라졌다. 아주 친절한 태도는 물론 질문하지 않는 내용까지 알아서 챙겨 주었다. 이 모습을 보면서 업무를 알고 모르는 것이 소위 말하는 '개념이 있다, 없다'의 평가를 가르는 기준이 될 수도 있음을 새삼 느꼈다.

　　원래 개념(槪念)의 사전적인 의미는 어떤 사물이나 현상에 대한 일반적

지식을 뜻한다. 직장인의 개념은 일과 관련이 있는 이론과 원리라고 할 수 있다. 즉, 개념은 원래 매우 긍정적인 표현으로 이론이나 업무에서 중심어로서 역할을 하는데, 직장인에게 개념은 매우 부정적인 용어로 더 많이 작용한다. '개념 없는 놈', '개념은 밥 말아 먹다', '개념 상실' 등 동료나 부하를 비평하거나 질책할 때 많이 사용한다. 한 번 개념 없다는 꼬리표가 붙은 직장인은 다시 개념 있는 사람으로 이미지를 전환하기가 쉽지 않다. '개념 없다'는 업무 능력이 떨어지고, 상황 파악을 잘 못하고, 인간관계도 4차원처럼 행동한다는 것을 총체적으로 표현하므로 일종의 주홍글씨와 같다. 처음부터 개념 있는 직원으로 평가받겠다는 목표를 명확히 설정할 필요가 있다. 그러므로 개념 없는 직원이란 자신의 업무에 자신이 없는 사람에서 시작된다.

입지전적인 흙수저였던 장영실을 떠올려 보자. 신분제도가 엄격했던 조선시대에 노비 출신이 종3품 대호군의 벼슬까지 승승장구할 수 있었던 것은 신분 귀천을 가리지 않고 인재를 발탁했던 세종대왕의 안목과 배려 때문이기도 하지만, 장영실의 탁월한 지식 역량과 업무 자신감도 한몫했다. 사실 장영실은 세종대왕이 아니라 태종 시절에 발탁되었다. 과학기술 분야에서는 어느 누구와 토론해도 이길 수 있다는 자신감이 임금까지도 그를 맹신하게 만든 것이다. 담당 업무에 자신감이 넘치니 당연히 장영실의 얼굴은 미소로 가득 찼을 것이다. 기록에 따르면 장영실은 사람들을 대할 때, 지식을 알려 줄 때 배려심이 엄청났다고 한다. 장영실이 능력은 없고 성격만 유별났다면 아마도 개념 없는 천민의 자식이라며 무시당했을 것이다.

    J씨는 입사한 지 1년이 되었다. 한 선배가 그에게 동업타사 현황 자료를 조사하라고 지시했다. 하지만 J씨는 프로젝트와 연관 없는 자료라며 오히려 선배를 가르치려고 했다. J씨의 당돌함에 잠깐 어이가 없었지만 선배는 참고 넘어갔다. 얼마 후 교육 관련 자료가 필요해 다시 J씨에게 지시했다. 하지만 이번에도 J씨는 갖은 핑계를 대며 필요 없는 자료라며 업무를 회피하는 것이 아닌가! J씨는 모든 업무 지시에 '선배님 그게 아니고요'라고 대답해서 직원들은 모두 그를 '그게 아니고요' 직원으로 칭했다. 상사와 선배, 동료를 가리지 않고 항상 가르치려 해서 개념이 없다고 평가받은 그는 지금도 평사원이다.

    또 다른 인물인 송 차장은 오지랖이 넓은 사람으로 유명하다. 오지랖의 사전적 의미는 '윗도리에 입은 겉옷의 앞자락'이다. 그런데 이 말의 뉘앙스는 대체로 부정적이다. 자신의 업무는 충실하지 않으면서 타인의 업무에 이래라저래라 관여하는 사람이 송 차장이다. 부하직원 중 한 명은 송 차장을 개념이 가출했다고 표현한다. 그는 일과 관련 없는 개인 신상부터 옷 입고 화장하는 것까지 참견한다. 직장생활에서는 자신을 명확히 아는 것이 상당히 중요하다. 물론 자신의 능력을 과소평가하라는 말이 아니다. 냉정하게 자신을 파악하여 분수를 알고 지킬 줄 알아야 한다. 자기 분수에 맞게 처신할 줄 알아야 나설 때와 아닐 때를 구분하고, 내 위치에서 감당할 수 있는 한계를 넘어서지 않고 최선을 다할 수 있다. 직장에서는 모든 일과 관계가 알게 모르게 다 연결되어 있다.

회사에서 중요한 업무나 새로운 업무가 있을 때 직장 상사는 어떤 사람에게 이 일을 맡길까? 상대적으로 업무 여유가 있는 직원일 것 같지만, 실제로는 중요한 프로젝트일수록 바쁜 직원에게 일을 맡긴다. 일이 많은 직원은 대개 여러 가지 경우를 생각하고 효율적인 방법을 찾아서 훌륭하게 일을 마무리한다. 개념 있는 직원은 자신이 해야 할 일을 정확하게 안다. 세계적인 인력개발 전문가 존 콘트는 업무 자신감은 코끼리도 들게 한다고 말한다. 업무에 자신감이 생기면 자신의 능력을 보여주고 싶어서 많은 사람에게 존재를 알리고, 찾아다니면서 자신이 가진 지식과 기술을 활용해 달라고 홍보하게 된다는 것이다. 누가 물어봐도 대답할 자신감이 있기 때문에 표정이 늘 당당하고 잘 웃는다. 그러나 업무 자신감을 상실하면 조바심이 생기고, 그 조바심 때문에 맥락이 안 맞는 일이나 행동을 자주 하게 된다. 다른 사람이 자기 의견에 반박하면 금세 의기소침해져 과도하게 짜증을 낸다.

업무에 자신감을 가지려면 직장에서 자신의 업무를 정확히 파악하는 것이 무엇보다 중요하다. 업무를 잘 모르면 실수가 잦고, 그러다 보면 자신감을 잃거나 상처를 받는다. 먼저 자신의 업무 범위를 명확히 알자. 그래야 업무에서 오버하지 않는다. 업무를 능숙하게 해내면 상사나 동료에게서 신뢰가 쌓이고 많은 일을 맡을 수 있다. 개념 있는 직장인이란 자신의 일에 자부심을 느끼는 사람이다. 지금 어떤 일을 하고 있든 당신의 일에 먼저 자부심을 가져 보자.

6 브랜딩의 시대, 나를 마케팅하라

　　정권이 바뀌거나 장관이 경질될 때마다 후보자들의 하마평이 연일 언론에 오르내린다. 언론에서는 대상자를 선정하고 나름대로 성향을 파악한다. 곧바로 프로필 설명과 함께 인격이 어떻고, 재산은 얼마며, 성향이나 능력은 어떤지 여론이 형성된다. 비슷한 맥락으로 회사에서도 매년 인사이동 때가 되면 신임임원과 신임부서장 후보자를 대상으로 직원들이 같은 방법으로 평가를 한다. 그런데 신기하게도 대개는 하마평으로 나온 이야기가 거의 맞다. 흔히 조직 사회에서 인사(人事)가 곧 만사(萬事)라고 말한다. 그만큼 사람에 따라 업무 성공과 실패가 좌우되기 때문이다. 그럼 인사 관리는 어떻게 할까? 나름대로 정확한 데이터에 따라 판단하고 결정하지만, 평판이란 것도 무시하지 못한다. 평판(判)의 사전적 의미는 '세상 사람들의 비평'이다. 평판은 오랜 시간 직장 내에서 형성된 여러 사람의 목소리라고 할 수 있다. 한 번 만들어진 평판은 쉽게 바뀌지 않는다. 한 상사는 '부서장이나 팀장의 보직은 마음대로 할 수 없지만 막을 수는 있다. 그것이 바로 평판의 영향력'이라고 말했다. 지금도 그렇지만, 시간이 흐를수록 평판의 힘은 더욱 강해질 것이다.

직장 내에서는 부서 간 통폐합, 직원의 재배치 등 수시로 조직 개편과 인사이동이 일어난다. 아무리 인사 시스템이 훌륭해도 직원들의 능력을 완벽하게 계량화할 수는 없다. 결국 대상자를 가장 가까이서 지켜본 사람들, 즉 상사나 부하직원, 동료만이 그 사람을 평가할 수밖에 없는 것이다. 개인의 성공은 '능력'이 아닌 '평판'으로 결정된다고 주장하는 하우석 저자는 『능력보다 큰 힘, 평판』에서 평판의 중요성을 강조한다. 그의 말처럼 평판은 직장 내 관계 형성과 직장생활에 막강한 영향력을 행사한다. 필자 역시도 관계 형성, 업무 협조에서 당연히 평판을 중요시 여긴다. 처음 보직을 맡을 때는 전임자에게서 직원들의 평판을 듣고, 이임할 때는 후임자에게 직원들의 평판을 전달한다. 새로운 프로젝트를 수행하거나 업무를 맡을 때 관련된 직원들의 평판에 따라 업무 처리 방법과 대하는 태도가 달라진다. 이제 평판은 삶에서, 직장에서 아주 중요한 요소로 자리 잡았다.

매년 정기 인사이동 때마다 웃지 못할 사건이 일어난다. 각 본부나 부서마다 데려올 사람들을 수소문하느라 바쁘다. '인사가 만사'라 능력 있는 사람을 서로 데려가려고 난리다. 현재 근무하는 부서에서는 안 보내려 하고, 타 부서에서는 데려가려고 한다. 반대로 어떻게든 타 부서로 보내려고 하는 직원도 있다. 평판과 업무 능력이 인사의 핵심인 셈이다. 김 부장은 모든 상사에게서 일 잘한다는 말을 듣는다. 그와 한 번이라도 일한 적이 있는 상사와 동료들은 계속해서 일하고 싶어 한다. 모든 업무를 완벽하게 알고 있으며 정통하다고 소문이 나 있다. 직원들의 업무까지도 모두 완벽하게 알고 있어 부하직원의 실수에도 얼마든지 대처가 가능하기에 인기가 많다. 필자는 성공하는 직장인의 자세를 강의할 때마다 평판 관리와 함께 업무에도 정통하라고 이야기한다. 평판은 관계 관리가 중요하다. 우리나라는 3~4명만 거치면 모두 아는 사이다. 특히 직장 내에서는 마음만 먹으면 어떤 사람인지 금세 알 수 있다. 상대방이 싫어하는 행동만 하지 않으면 되지 않느냐고 말하는 사람도 있다. 하지만 그렇지 않다. 상대방이 좋아하는 것에도 관심을 가질 수 있어야 그 관계는 더 단단해진다.

프로 운동선수에게 연봉은 자존심이다. 해마다 시즌이 끝나면 연봉을 놓고 구단과 협상을 한다. 연봉은 자신이 1년간 팀에 기여한 성과를 바탕으로 기여 정도와 향후 팀에 얼마나 기여할 수 있을지 측정하는 지표다. 더불어 자존심까지 걸려 있어 실력이 조금 있는 선수라면 연봉 협상은 더

욱더 난항을 거듭한다. 연봉 협상은 전년도 팀 기여도만 보는 것이 아니다. 팀 기여도는 기본이다. 거기에 선수의 능력, 인성과 팀워크, 발전 가능성을 종합적으로 평가한다. 그렇다면 우리는 직장에서 어떤 평가를 받는가? 직장에서는 실제적인 업무 평가가 매우 중요하지만, 평판도 간과할 수 없다. 기본적으로 사람의 인성을 보고 됨됨이를 평가하지만 다른 사람과 관계에 따라 평판이 좌우되기도 한다.

지금은 브랜딩 시대다. 직장에서 자신을 어떻게 브랜딩 하느냐에 따라 평판이 결정되며, 평판은 곧 능력이 된다. 자신의 능력을 나타낼 수 있는 특기를 만들어 회사에 적극적으로 알려야 한다. 직장에서 '나'라는 사람을 마케팅하여 내 몸값을 올려야 한다. 몸값을 올리려면 인성을 갖추어야 하고, 업무적인 면에서도 다른 사람과 차별화되는 능력이 있어야 하며, 인간관계에서도 무난한 평판을 얻어야 한다. 하지만 아무리 실력이 좋다 해도 자신을 마케팅할 줄 모른다면 아무 의미가 없다.

7 부장님! 그냥 전화드렸어요

오늘은 이 차장에게 재수가 없는 날이다. 아침부터 부하직원 때문에 스트레스를 받고, 상사에게는 잔소리를 듣고, 성사된 계약도 해지되었다. 뭘 해도 되지 않는 날이다. 자동으로 친한 선배에게 전화를 걸어 "선배님! 오늘 술 한잔 사 주세요." 하고 말한다. 사실 선배는 선약이 있음에도 후배의 힘없는 목소리에 선뜻 좋다고 대답한다. 이제는 목소리만으로도 감정을 알아채는 사이가 된 것이다.

둘의 만남은 10년 전으로 거슬러 올라간다. 선배와 이 차장은 같은 부서에서 근무했지만, 당시에는 그리 가까운 사이가 아니었다. 그러다가 이 차장이 다른 부서로 발령이 났다. 존경하는 상사 곁을 떠난다는 것이 못내 아쉬웠던 이 차장은 안부차 전화를 걸었다. 이 차장의 전화를 받은 선배는 다급한 목소리로 "왜? 무슨 일 있어?"라고 물었고, 이 차장은 "그냥 전화했어요."라고 대답했다. 선배는 업무가 바쁜 와중이라 "그래, 지금은 바쁘니까 나중에 통화하자."라며 전화를 끊었다. 두 달 후 이 차장은 또다시 안부를 묻는 전화를 했다. 선배는 오늘도 다급한 목소리로 "왜? 무슨 일 있어? 뭐 도와줄 일이라도 있나?" 하고 물었지만, 이 차장은 역시나 오늘도 "그냥 했어요."라고 말했다. 그렇게 시간이 흐르고 이번에는 업무 협조를 부탁하고 싶어 전화를 걸었다. 하지만 선배는 "그냥 한 거지?"라며 여유 있게 전화를 받았다. 이 차장은 "아닙니다. 오늘은 선배님의 도움을 받고자 전화했습니다."라고 말했다. 이전에 두 번이나 전화를 한 덕분에 업무 협조는 쉽게 마무리되었다. 그날 이후 두 사람은 서로의 마음을 이해하는 아주 친한 사이가 되었고, 지금은 서로 간에 멘토 역할을 하며 지낸다. 가끔 만나 저녁에 술 한잔 마시며 상사와 부하직원의 뒷담화도 하고, 자식 이야기, 미래 이야기를 나눈다.

당신에게도 이 차장처럼 24시간 아무 때나 찾아가서 이야기를 나눌 수 있는 사람이 있는가? 필자에게는 24시간 아무 때나 만나서 어떤 이야기든 할 수 있는 사람이 있다. 우리는 인생의 3분의 1 이상을 직장에서 보내지만, 가장 답답하고 숨 막히는 곳이 직장이다. 꼭 일 때문이 아니더라도 편하게 찾아가고 전화할 사람이 있다면 직장생활의 질은 달라질 것이다. 직장은 사실 일만 하는 곳이 아니다.

아주대 심리학과 김경일 교수는 한 조찬 모임에서 인지심리학을 강의하며, 그냥 전화하는 것에 대해 다음과 같이 설명했다. "보통 우리는 인간관계에서 업무 협조를 요청하며 안부를 묻는 경우가 일반적이다. 사람들은 용건과 안부를 묻는 행위를 연결시킨다. 그래서 용건 없이 안부만 묻는 전화를 하면 심리학적으로 친하다고 생각한다." 사람 사이에 쉽게 친해질 수 있는 방법은 다양하고 의외로 아주 간단하다. 쉬운 일을 지속적으로 꾸준히 하는 것이다.

소크라테스는 제자들에게 "이 세상에서 가장 힘든 일은 쉬운 일을 매일 지속적으로 꾸준히 하는 것이다."라고 말했다. 꾸준히 한다는 것은 관심의 표현이다. 이것이 사람에게 다가갈 수 있는 가장 쉬운 방법임을 누구도 부정할 수 없을 것이다. 편안한 마음으로 당신의 마음을 전해 보자. 월요일 아침에 모닝커피를 타서 준다든지, 수요일 오후에 가끔 안부 전화를 해 보자. 현대인에게 공통으로 나타나는 사회 현상인 번아웃(Burn Out) 증후군이 직장인에게도 나타나고 있다. 일에 대한 자부심과 열정은 사라진 지 오래고, 업무와 사람 관계에서 모두 지치고 짜증이 난 모습이다. 아무 의미 없이 돈 버는 기계로 전락하고, 생계를 유지하려고 다니는 직장생활은 고통스럽기만 하다. 휴일에 쉬어도 쉬는 것 같지 않고, 여행을 가서도 업무에 시달리는 형국이다. 그렇다면 이런 생활을 바꿀 수는 없을까? 어쩔 수 없이 이대로 그냥 살아야 하는 것일까?

필자는 이런 직장인에게 숨 쉴 곳과 숨 쉴 대상을 만들라고 조언하고 싶다. 그리고 자신 또한 누군가에게 그런 사람이 되어 보라고 하고 싶다. 직장을 '일만 하는 곳'이 아닌 '숨 쉴 곳'으로 만들 수 있는 방법을 적극적으로 찾아야 한다. 다음은 필자가 직접 실행하여 확실한 효과를 얻은 방법들이다.

미국 카네기멜론대학 연구소에서는 공대 졸업생을 대상으로 흥미로운 연구를 진행했다. 직장 내에서 성공하려면 어떤 점이 가장 필요한지 조사한 것이다. 스펙, 전문 지식, 경영이나 회계학 지식 등 다양한 대답이 나왔으나 최종 결과는 이랬다. "성공하는 데 전문 지식이나 기술은 5%밖에 영향을 주지 않았으며, 가장 큰 비중을 차지한 것은 관계 관리로 85%나 된다." 성공한 사람들은 인간관계에서 세 가지 방문을 아주 잘한다는 공통점이 있었다. 바로 '입의 방문, 손의 방문, 발의 방문'이 그것이다. 입의 방문은 마음의 따뜻함을 입으로 전하는 것으로 사소한 일상에서 전화를 주고받거나 칭찬을 하는 것이다. 앞서 이 차장처럼 "그냥 전화했어요."가 대표적인 사례다.

손의 방문은 그 마음을 직접 전하려고 사랑의 손길을 담아 표현하는 것이다. 대표적인 것이 편지 쓰기다. 하지만 요즘은 편지보다 SNS나 문자로 마음을 전하는 것이 더 보편화되었다. 편지보다 훨씬 쉬운 도구임에도 문자를 주기적으로 보내고 챙기는 사람은 의외로 많지 않은 것 같다. 끝으로 발의 방문은 사람들에게 더욱 가까이 접근하려고 움직이는 것이다. 상대방의 사무실에 직접 찾아가거나 경조사가 있을 때 반드시 찾아가 얼굴을 보는 것이 모두 발의 방문이다. 필자 역시 사안에 따라서는 경조사가 있어도 가지 못할 때가 있는데, 그래서 이렇게 원칙을 정했다. '가야 하나 말아야 하나 고민을 할 때는 일단 가고 보자'는 원칙이다.

필자는 직원들에게 자신이 진정으로 좋아하는 베스트 세 가지를 작성해 보라고 말한다. 좋아하는 음식 세 가지, 가고 싶은 국내나 해외 여행지 세 곳, 좋아하는 친구나 동료, 갖고 싶은 것, 하고 싶은 것 등을 써 본다. 그러면 대부분은 몇 가지를 이야기하다 곰곰이 생각에 잠긴다. 그만큼 자신이 원하는 것을 진지하게 생각한 적이 없다는 말일 것이다. 그래서 직원들에게 좋아하는 취미 1~2개 정도는 찾아서 숨 쉴 여유를 가지라고 권한다. 그래야 스트레스를 해결할 수 있다. 직장생활은 누구나 하지만, 재미있게 하는 사람은 드물다. 그 재미를 더하는 것이 일일 수도 있지만 실제 '관계'가 더 큰 영향을 미친다. 사소하지만 그냥 전화해서 안부를 묻는 입의 방문, 편지는 아니더라도 주기적으로 의미 있거나 도움이 되는 SNS나 문자 정도는 보내는 손의 방문, 어려운 사람을 찾아가서 함께 나누는 발의 방문이야말로 힘든 직장생활에서 스스로 활력을 찾고 숨 쉴 곳을 만드는 방법이다. 노력 없이는 아무것도 만들 수 없다. 쉴 곳이 반드시 필요한 가정과 직장에서 '소소한 관계의 지속'은 가장 훌륭한 쉼터가 된다는 것을 잊지 말자.

공감백배 마음관리기술 꿀팁 . 2
마음의 여유가 절대 필요한 이유

여유 있는 마음   – 하성용

꽃이

아름다운 것은

아름다움을 느낄 수 있는

마음에 여유가 있기 때문이죠

그것이

텅 비어 있을 때는

그리

아름다워 보이지도 않고

또

그윽한 향내도 없을 것입니다

세상이

아름답게 보이는 것도

건강한 마음이

풍요로운 가슴에

여유가 안기어 있기 때문이죠

그러므로

여유를 여유 있게 준비한 자만이

아름다운 삶을 누릴 수 있나 봅니다

동서고금을 막론하고 진정한 업무 달인들은 마음에 여유가 있는 사람들이었다. 워커홀릭(Workaholic)인 사람들은 특정 기간 동안은 인정받을지 몰라도 진정한 업무 달인이 되기는 어렵다. 결국 번아웃 증후군에 시달리거나 과거의 자기 업무 방식을 부하직원들에게 일방적으로 강요하여 부하들을 번아웃 증후군에 시달리게 하기 십상이다. 은퇴 설계를 준비할 때는 급여의 20%를 비상준비금으로 만들어야 한다. 입사 동기 중 상당수는 신입사원 때부터 카드로 생활을 꾸려 나가고 있다. 급여는 잠시 통장에 스쳐 지나갈 뿐이고, 급하게 돈이 필요할 때면 마이너스 대출로 생활한다.

하지만 필자는 마이너스 인생을 살지 않으려고 항상 통장 잔고를 500만 원 선에서 유지한다. 평상시에도 은행 평균 잔액이 700~800만 원 정도 되므로 항상 마음의 여유가 있는 셈이다. 다른 사람들은 작은 금액이라도 투자하라고 권하지만, 사원 때부터 지켜온 이 습관을 바꾸고 싶지 않다. 이것은 입사 때 한 선배가 마이너스 인생을 살지 않으려면 은행 잔고가 마이너스가 되지 않도록 관리하라고 조언한 덕분이다. 여유 있는 마음가짐과 삶이란 무엇인가? 바로 마음이 편한 상태다. 딸아이가 유치원 때의 일이다. 운전하던 중 주유 게이지에 빨간 표시등이 들어오자 그것을 본 딸아이가 울기 시작했다. 기름이 떨어져서 차가 움직이지 않을까봐 걱정이 되어 눈물을 흘린 것이다. 앞으로 30분은 더 달릴 수 있다고 해도 큰일이 난 것처럼 불안해했다. 이후 주유 게이지가 한 칸밖에 남지 않을 때면 주유하는 습관이 생겼다. 미리미리 주유를 하고 운행하면 마음 졸일 일이 없어져 스트레스를 받을 일도 없다.

필자는 스스로 결정하고 일을 해야 마음이 편하다. 집안 청소를 하려고 마음먹었다가도 어머니가 "승호야, 청소 좀 할래?"라고 말씀하시면 왠지 청소하고 싶지 않았다. 누군가가 시켜서 하는 일은 거부하고 싶은 마음이 생긴다. 성격이 유별나다고 할 수도 있지만 시켜서 하는 일은 지금도 기분이 상한다. 직장생활에서도 누군가 시키기 전에 미리 알아서 빨리 처리하고 나면 마음이 편하다. 업무에서 마음이 편한 상태를 유지하는 가장 좋은 방법은 한 발짝 빠르게 업무를 처리하는 것이다. 한 발짝만 미리 생각하거나 행동하면 손해보다는 이익이 더 많다. 상사 때문에 힘들어 퇴사를 결심한 후배가 면담을 요청했다. 딱히 상사의 인품이 나쁜 것은 아닌데, 매일 퇴근하기 전에 습관적으로 업무를 시킨다는 것이다. 후배가 하는 업무는 대체로 고정되어서 상사의 업무 패턴을 파악해 보라고 주문했다. 분기업무, 월간업무, 주간업무를 분석해서 어떤 규칙성에 따라 움직이는지를 파악하라고 했다. 업무 분석 후 상사가 일정한 패턴에 따라 자료를 요구한다는 것을 안 후배는 90% 업무는 미리 준비할 수 있었다. 업무 처리에서 중요한 점은 누가 시키기 전에 먼저 하고, 자료를 찾기 전에 보고하는 것이다. 그러면 직장생활이 한결 여유로워지고 마음이 편안해질 것이다.

여유로운 마음가짐을 얻는 또 다른 방법은 약자에 대한 배려다. 이것은 몸과 마음이 약한 사람에 대한 배려일 수도 있고, 권한이나 능력이 낮고 직급이 낮은 직장 후배, 동료에 대한 배려일 수도 있다. 강의 시간에 빠듯하게 도착한 한 강사는 주차 공간이 없어 할 수 없이 장애인 주차 공간에 차를 주차했다. 강의를 마치고 나오는데 장애인이 멀리서 힘들게 걸어오는 모습을 본 그는 너무나 민망했다고 한다. 이후 그는 장애인 주차 공간에는 아무리 바빠도 차를 주차하지 않는다고 한다. 세계적인 뇌신경심리학자인 이안 로버트슨 교수는 권력을 가졌거나 사회적 강자가 되는 사람은 자기도 모르는 사이에 그 힘에 중독되어 언제든지 사나운 개가 될 수 있다고 경고한다. 대부분의 사회적 강자는 자신도 한때 약자였던 시절이 있었음에도 목표만을 중시하다 점점 사회적 약자에게 공감하는 능력이 떨어진다는 연구 결과가 있다.

운전대만 잡으면 성향이 바뀌는 사람들의 이야기를 자주 듣는다. 평소에는 자상하고 따뜻한 아빠인데 운전대만 잡으면 완전히 변하는 사람도 있다. 한때

보복 운전이 크나큰 사회적 이슈로 떠올랐다. 필자 역시도 운전을 하면 성격이 급해지고 예민해진다. 지인들 말로는 일상생활에서는 여유로운데 운전대만 잡으면 성격이 급해진다는 것이다. 그래서 어떤 지인은 하루 두 번 양보 운전을 목표로 생활해 보라고 권했다. 앞으로 끼어드는 차가 있으면 '오늘 목표 달성 한 번'이라고 말하는 것이다. 그러다 보면 마음의 평안을 얻을 수 있다고 했다. 괜찮은 방법인 듯하여 필자도 하루 두 번 양보 운전 목표를 세웠다. 마음이 많이 편해졌고, 예전보다 기분도 좋아졌다.

하루에 실천할 배려 목표를 세워 마음의 여유를 갖는 것도 좋을 듯하다. 어둠 속에서 한 손은 물동이를 받치고 다른 한 손에는 등불을 들고 가는 맹인에게 길 가던 사람이 보이지도 않으면서 등불은 왜 들고 가느냐고 물었다. 맹인은 이렇게 대답했다. 자신은 비록 앞이 보이지 않지만, 눈이 보이는 사람들은 등불 때문에 나와 부딪치지 않고 지나갈 수 있지 않느냐고. 남들을 향한 여유의 등불은 결국 자신의 행복한 직장생활을 밝혀 주는 등불이 될 것이다. 업무를 잘하는 사람은 항상 마음의 여유가 있다. 사회적 약자에 대한 배려, 여유 있는 업무 진행, 자신의 분노를 긍정적으로 전환하는 생각 등 여유를 가질 수 있는 업무 기술과 삶의 기술을 배우자.

제 3 장

직장인 심리학, 직장인 마음(心)사용설명서

1 유·비·무·환 :
두려움, 걱정, 불안을 날려 버리자

『이솝 우화』중에 멧돼지와 여우 이야기가 있다. 멧돼지가 느릅나무 곁에서 긴 이빨을 갈고 있었다. 이 모습을 본 여우가 "여보시오, 멧돼지님! 사냥꾼도 없고 다른 위험도 보이지 않는데 이빨은 왜 갈고 있습니까?" 하고 물었다. 그러자 멧돼지는 "내가 장난으로 이 짓을 하는 줄 아니? 막상 위험이 닥쳤을 때는 이빨을 갈 여유가 없는 것은 뻔한 일이 아니냐? 미리미리 준비해 두었다가 쓰려고 하는 거야." 하고 대답했다.

유비무환은 『서경』의 열명(說命)편에 나오는 말이다. '열명'은 은나라 고종이 '부열(傅說)'이란 어진 재상을 얻게 된 경위와 어진 정사가 무엇인지 말하고 이를 실천하는 내용을 기록한 글이다. '유비무환'이란 '부열'이 고종 임금에게 올린 글 가운데 있는 것이다. "생각이 옳으면 이를 행동으로 옮기되, 그 옮기는 것을 시기에 맞게 하십시오(慮善以動 動惟厥時).", "스스로 그것이 옳다는 생각을 가지고 있으면 그 옳은 것을 잃게 되고, 스스로 그 능한 것을 자랑하면 그 공을 잃게 됩니다(有其善 喪厥善 矜其能喪厥功).", "오직 모든 일은 다 그 갖춘 것이 있는 법이니 갖춘 것이 있어야만 근심이 없게 될 것입니다(惟事事乃其有備 有備無患)." 즉, 모든 일에는 반드시 갖추어야만 하는 여러 조건이 있으므로 그 조건을 다 구비해야 다른 염려가 없다는 말이다.

1952년 7월 4일 미국 독립기념일에 수영 선수인 플로렌스 채드윅은 카탈리나섬에서 캘리포니아 해안까지 헤엄을 쳐서 건넜다. 그녀는 영국 해협을 헤엄쳐서 건넌 최초의 여성이기도 하다. 16시간 동안 쉬지 않고 헤엄치며 상어 떼의 위협도 무릅쓰고 도전했지만, 안타깝게도 마지막 지점에서 한 치 앞도 보이지 않는 안개 때문에 결국 포기했다. 추위나 체력 때문이 아니라 앞을 보지 못하는 불안감 때문에 포기한 것이다. 지금이야 내비게이션이 있어서 어디든지 쉽게 찾아갈 수 있지만, 불과 몇 년 전까지만 해도 전화로 묻거나 지도를 보면서 찾아가야 했다. 경상북도 산골마을에 있는 한 상갓집을 찾아갈 때의 일이다. 산세가 험한 데다 날까지 어두워져 한 치 앞도 보이지 않았다. 지도에 의지해 겨우겨우 길을 찾기는 했지만, 사실은 내내 엄청나게 두려웠다. 길도 낯선 데다가 산속이라 매우 캄캄했기 때문이다. 하지만 그 길에 익숙한 다른 친구는 아무런 두려움 없이 쉽게 상갓집을 찾아왔다. 이처럼 불안과 두려움은 잘 알지 못하는 곳에서 발생한다.

새로운 곳으로 발령을 받은 이 부장은 계속해서 신경성 위염에 시달리는 중이다. 상사인 K본부장이 언제 호출하고 전화할지 몰라 늘 긴장 상태다. 영업 현장 관리만 하다가 본사 지원 업무는 처음이기 때문이다. K본부장은 업무를 잘 모르는 직원에게 무섭기로 소문나 있는 인물이다. 영업에서는 탁월한 실력을 발휘했으나, 본사 지원 업무는 처음인지라 이 부장의 긴장감은 말로 설명할 수 없을 정도다. 처음 보고하는 회의 때문에 오늘은 아침 식사도 제대로 하지 못했다. 회의는 무사히 끝났으나 가슴 졸였던 순간은 잊지 못할 듯했다. 업무에 대한 해박한 지식보다는 회의 준비 필요성을 절실히 깨달은 날이었다. 매년 연초가 되면 정보 공유가 한창이다. 새로 부임하는 본부장, 부서장, 팀장의 성향을 파악하느라 다들 분주하다. 업무 방식부터 좋아하고 싫어하는 음식, 커피나 차 기호까지 다양하다. 편하게 근무하려는 의도인지 아니면 예의상 상사의 습성과 취향을 미리 파악하려는 것인지 모르겠지만, 전화기와 메신저로 부단하게 정보를 교환한다. 이렇게 파악하고 준비하는 것은 비단 직장만이 아니다. 어느 단체이든 사람이 모이는 곳이면 쉽게 볼 수 있는 풍경이다. 상사의 취향을 파악하는 것도 스트레스를 줄이고 업무를 잘할 수 있는 한 방법이다.

직장에서 처음 맡은 업무는 익숙하지 않아 처리에 어려움을 겪기 마련이다. 하지만 익숙해지면 부담은 사라진다. 업무 프로세스를 알기 때문에 몸이 저절로 움직인다. 그렇다면 직장에서는 언제 가장 걱정이 될까? 상사에게 잘못 보고했을 때, 업무 마감 기일이 다가오는데 마무리를 못했을 때, 거짓말을 했을 때, 일을 잘못 처리했을 때 등 여러 상황이 있을 것이다. 회사 내 송 차장은 거만하기로 유명하다. 업무에 자신감이 넘치다 보니 그런 인상을 남긴 것이다. 송 차장은 일당백이다. 혼자서 여러 명의 업무를 동시에 처리한다. 자신의 업무를 정확히 알고 업무 프로세스도 파악하고 있어 문제가 발생하면 곧바로 해결책을 찾아낸다. 송 차장은 자신은 업무에 대한 걱정과 두려움이 없어 스트레스를 받지 않는다고 말한다. 직장 내에서 무엇이 걱정을 없애 주는지 말해 주는 대목이다. 걱정과 두려움을 없애려면 유비무환으로 미리 준비하는 자세가 필요하다. 업무에 자신감이 없으면 늘 걱정하면서 직장생활을 해야 하고, 일에 두려움이 있으니 업무 실수로 이어지는 것이다. 다시 실수는 불안으로 이어져 걱정하게 하는 악순환이 반복된다. 업무에 대한 걱정과 두려움을 없애는 방법은 미리 계획하고 준비하는 것이다. 미리 준비하면 업무에 자신감이 생겨 걱정이 사라진다.

2 마음의 심리학 : 나는 뻔뻔해지기로 결심했다

　　엠마 왓슨과 톰 행크스 주연의 〈더 서클〉이라는 영화가 있다. 모두가 선망하는 신의 직장이자 세계적인 소셜미디어 회사에 입사한 메이(엠마 왓슨)는 모든 것을 공유하는 투명한 사회를 만들고 싶다는 CEO 에이몬(톰 행크스)의 철학에 매료된다. 그래서 자신의 24시간을 전 세계 2억 명에게 생중계하는 프로젝트에 쏟아붓게 되고 일약 세계적인 스타로 떠오른다. 하지만 메이를 향한 과도한 관심이 주변 사람들을 불행하게 만든다. 타인에게 보이는 과한 관심에 경종을 울리는 영화다. 과한 관심은 무관심보다 못한 경우가 많다. 과한 관심만큼이나 문제를 일으키는 것이 의심이다. 주변을 살펴보면 타인에 대한 의심을 관심이라고 착각하는 사람들이 있다. 관심과 의심은 완전히 다른 것이다. 관심은 선한 마음으로 상대방을 바라보는 것이고, 의심은 나쁜 마음으로 상대방을 바라보는 것이다. 전문가들은 관심과 애정이 많아 합리적인 의심을 하는 것이라고 말하는 사람은 마음의 병을 안고 있다고 말한다. 의처증, 스토커 등이 그런 심리의 대표적인 현상일 것이다. 과한 관심이나 비뚤어진 의심에서 벗어나려면 자신의 입장에서 상대방을 바라보지 말고, 상대방의 입장에서 꾸준하게 작은 관심을 보여야 한다.

필자는 그동안 남을 의식하면서 살아왔다. 어디를 가든지 주위를 살피고, 다른 사람들이 어떻게 생각할까 늘 고민했다. 그래서 성격이 예민하다는 이야기를 많이 듣는다. 필자를 잘 아는 지인들은 겉으로는 무척 대범해 보이는데, 사실은 매우 예민한 성격이라고 말한다. 타인의 시선을 즐길 만큼 뻔뻔하지 못한 것이 삶에서 가장 아쉬운 부분이다. 관심을 이야기하니 딸아이가 생각난다. 처음에 딸은 아빠의 관심에 많은 부담을 느꼈다. 정확히 말하면 필자가 딸을 귀찮게 했다. 아침이면 딸에게 이런저런 이야기를 하면서 예쁘다고 말한다. 심지어는 화장을 한 채 외출하는 모습을 보고 엘리베이터에서도 계속해서 예쁘다고 칭찬한다. 이런 필자에게 딸은 그만하라며 투덜거린다. 필자의 과한 관심이 부담스럽기 때문이다. 반대로 관심에 집착하는 경우도 꽤 많다. 이 대리는 아침에 일찍 출근해서는 회사 내 모든 정보를 파악하느라 분주하다. 특히 '상사들의 기분을 파악하며 어떻게 하면 잘 보일까?' 노심초사한다. 상사의 관심이 없으면 업무도 제대로 처리하지 못한다.

존 힝클리 주니어는 미국 로널드 레이건 대통령을 암살하려다 붙잡힌 사람이다. 그는 1976년에 개봉한 영화, 〈택시 드라이버〉에서 조디 포스터를 본 후로 그녀에게 집착하기 시작했다. 그녀의 관심을 끌려고 온갖 행동과 활동을 했음에도 관심을 끌지 못하자 대통령을 암살하면 관심을 끌 수 있을 것이라는 망상에 빠졌다. 그리고 1981년에 실제로 레이건 대통령에게 총을 쏘았다. 레이건 대통령은 방탄차를 맞고 튕겨 나온 총알에 맞았으나 다행히 심장을 비켜나가 기적적으로 살아났다. 이 정도의 병적인 관심은 아니더라도 정도의 차이는 있지만 직장인들은 어느 정도 관심을 받고 싶어 한다. 공자는 '좋은 약은 입에는 쓰나 병에는 좋다良藥苦於口利於病'고 했다. 이것은 말도 잘 다스리면 약이 되지만 잘못 다스리면 병이 된다는 우회적인 표현에 종종 인용하는 경구이기도 하다. 관심도 바로 이렇다. 적절한 관심은 좋은 약이 되지만, 과도한 관심은 결국 마음을 병들게 한다. 관심을 잘 다스리고 약이 되는 정도로 지혜롭게 유지하는 직장인이 되어야 한다.

남에게 관심을 많이 베푸는 사람은 자신에게 쏟아지는 관심에 좀 뻔뻔해져도 된다. 건강한 자극과 동기부여가 되는 경우가 많다.『설득의 심리학』에는 '일관성의 법칙'이 나온다. 사람은 스스로 먼저 선택한 것에 대해 옳다고 믿고 싶어하는 경향이 있는데, 나중에 선택하는 사항들도 앞서 선택한 부분과 일치시키려고 하는 심리를 보인다. 자신을 바라보는 타인의 관심과 기대에 '나는 이런 사람으로 주목받고 있으니 다음번에도 그렇게 행동해야지' 하면서 자기 최면을 걸거나 직장 상사가 '당신은 이런 일을 잘하니 이 일도 좀 맡아 줘'라고 하면서 부탁하면 거절하지 못하는 현상이다. 즉, 자신의 업무 진행 상태나 성과를 주변 사람에게 알려 관심을 보이게 만들고, 일 잘하는 사람의 이미지를 지키려고 스스로를 설득하고 독려하는 현상이 나타나는 일관성의 법칙을 작동하는 것이다. 영화 〈죽은 시인의 사회〉에 등장했다가 전 세계인이 애용하게 된 '카르페디엠(Carpe Diem)'은 말 그대로 '현재를 즐겨라'이다. 이 말처럼 당신에게 보이는 관심들을 부담스러워하지 말고 즐기라 말하고 싶다.

3 관계의 심리학 : 다르다는 것을 인정하라

옛날에 소와 사자가 있었다. 둘은 너무나 사랑해서 결혼하게 되었고, 서로에게 항상 최선을 다하기로 약속했다. 소는 사자에게 매일 가장 맛있는 풀을 대접했고, 사자는 먹기 싫었지만 사랑하는 소를 위해 참고 먹었다. 사자도 매일 소에게 가장 연하고 맛있는 살코기를 대접했고, 고기를 먹지 못하는 소도 괴로웠지만 참고 먹었다. 하지만 참을성에도 한계가 있는 법이다. 둘은 마주앉아 서로의 고충을 이야기하다 결국 크게 다투었다. 서로에게 결코 넘을 수 없는 벽이 있음을 깨닫고 결국 둘은 헤어졌다.

이것은 『이솝 우화』에 나오는 소와 사자의 사랑 이야기다. 소는 소의 눈으로만 세상을 보고, 사자는 사자의 눈으로만 세상을 보면서 자신의 눈으로만 본 것을 옳다고 생각했기에 다르다는 생각은 하지 못했다. 남자와 여자는 서로 사랑해서 결혼하지만, 결혼 전까지는 전혀 다른 환경과 가치관으로 살았던 남남이다. 수십 년을 남으로 살아온 두 사람이 갑자기 한 가족이 되면, 문화적 차이로 갈등이 생기는 것은 당연하다. 그중 부부간의 성격 차이에서 오는 갈등은 해결하기도 쉽지 않고, 일상의 사소한 부분에서도 계속 마찰이 생겨 고통스럽다. 연애할 때는 서로의 성격을 깊게 파악하지 못하지만, 한집에 살다 보면 모든 것이 드러나기 마련이다.

필자도 신혼 초 음식 문화가 달라서 신기했던 적이 많다. 필자는 전이나 김 등을 고추장에 찍어 먹곤 했는데 그것을 본 아내는 '별것을 다 고추장에 찍어 먹네?'라는 식으로 반응했다. 문화라기보다는 습성 면에서 우리 부부는 많이 달랐다. 필자도 나름 정리 정돈을 잘하는 편인데, 아내는 필자보다 월등했다. 셔츠를 다리는 순서도 다르고 아침에 일어나서 하는 행동도 달랐다. 사소한 차이임에도 다른 모습들이 신경이 쓰였고 때로는 불편했다. 하지만 있는 그대로 다름을 인정하고 서로 원하는 욕구를 들어 주면서 잘 지내고 있다. 우리 부부는 아침형 인간과 저녁형 인간의 만남이다. 필자는 고등학생 때부터 새벽 기도를 다녀서 아침에 일찍 일어 나는 습관이 있고, 아내는 저녁 늦게까지 일하는 버릇이 있다. 이제는 30년간 같이 지내다 보니 자연스럽게 생활 리듬이 엇비슷해

졌지만 말이다.

한 코칭 수업에서 버크만 진단(관계적·직업적 특성을 확인하는 진단 도구)에 나오는 관계적·직업적 측면에서 측정한 결과를 하나 소개하겠다. A씨는 일관되고 체계적이고 집중적이고 활동적이며 객관적일 때 생산성이 높다. B씨는 사려 깊고 낙관적이며 통찰력이 있을 때 능력을 발휘할 수 있다. 스트레스를 받으면 C씨는 충동적이고 경솔하게 행동하며, D씨는 지나치게 예민하게 반응하고 사람들을 피한다. 업무 처리 방식도 A씨는 실행과 생산에 초점을 맞추어 단기적인 목표에 가치를 두지만, B씨는 전략과 개선에 초점을 맞추어 아이디어와 개념을 도출한다. 그리고 C씨는 판매와 마케팅에 초점을 맞추어 사람들에게 동기를 부여하고, D씨는 조직 프로세스나 시스템에 초점을 맞추고 정확성과 세부 사항에 가치를 둔다.

어떤 것이 과연 바람직한 스타일일까? 이 코칭 수업의 핵심은 '모든 사람의 성격과 스타일에는 문제가 없을 뿐, 다르다'는 것에서 출발한다. 직장은 다양한 약점이 함께 모인 집합체이자 다양한 장점을 지닌 사람이 모인 곳이다. 업무 스타일이 다를 뿐 다양한 전공과 특기를 살려 서로 협업하여 업무 성과를 만들어 내는 곳이 직장이다. 그런데 우리는 다름을 다르지 않고 틀리다고 생각하여 스트레스를 받는다.

회사에서 상사는 전형적인 연역적 사고, 즉 결론부터 내리고 왜 이 결론이 도출된 것인지는 나중에 따진다. 또 주어진 업무의 진행 경과를 수시로 중간 보고를 받기 원한다. 하지만 중간관리자는 완벽한 결론을 도출하기 전까지는 중간 보고를 하지 않는 스타일이다. 그는 철저하게 귀납적 사고에 익숙한 팀장이다. 즉, A라는 결론을 도출하는 것은 마찬가지인데, 팀장은 왜 그런 결론을 도출했는지 이유를 찾는 것이 먼저다. 팀장은 자리로 돌아와 팀원에게 이렇게 이야기한다. "이 대리 미안한데, 부장님께서 이 방향이 아니라고 하시네. 수고스럽지만 저 방향으로 맞추어 다시 기안서를 작성해 주게." 상사는 상사대로, 팀장은 팀장대로, 실무자는 실무자대로 시간만 허비한 꼴이다. 당연히 스트레스는 불을 보듯 뻔하다.

적절한 대안은 상사의 의중과 방향성을 알아보기 위해 중간 보고를 수시로 하는 것이다. 초안만 간단하게 잡은 후 상사에게 "이런 방향성으로 기안을 하려고 하는데 부장님 의중은 어떠십니까? 이 방향이 맞을까요?"라고 한 번만 물어보았어도 서로 시간 낭비와 스트레스는 받지 않았을 것이다. 결과적으로 모든 사람은 나와 생각이 다르고 업무 스타일이 다를 수 있다는 기본적인 차이를 인정하지 않은 채 자신과 생각이 같다고 착각한 것이 비효율만 키운 셈이다.

이해할 수 없는 이유로 자신에게 스트레스를 주는 상사, 동료, 부하 직원에게서 벗어나는 마음 관리 기술은 서로 다름을 인정하는 것이다. 그러면 마음이 편해진다. 세상에 자신과 같은 사람은 단 한 명도 없다. 성격, 자라온 환경, 근무 여건, 심리 상태 등 너무 많은 '다름'이 존재하기 때문에 상대방 마음을 완벽하게 이해하기는 불가능하다. 서로의 마음을 알아주고, 그렇게 하기 힘들다면 최소한 서로 다름을 인정하면 마음을 편하게 가질 수 있다.

4 비교의 심리학 : 비교에서 벗어나라

직장인 5년 차 J씨는 이번에 대리로 승진을 했다. 누구나 첫 승진을 기뻐하는 것은 당연하다. 그러나 그 기쁨은 오래가지 않았다. 입사 동기인 L씨도 함께 승진했기 때문이다. 동기가 승진하면 당연히 기뻐야 하는데 왜 이런 감정이 생긴 것일까? J씨가 볼 때 L씨는 능력 없는 직원이다. 지난해 능력 없는 사람과 첫 승진 대상에서 누락된 것도 억울한데, 이제는 함께 승진까지 했으니 자존심이 상한 것이다. 또 다른 사례를 하나 보자. 김 대리는 이번 과장 승진을 기대하지 않았다. 팀장도 여러 번 이야기했고, 몇 번 누락된 선배 2명이 아직 승진을 못했기 때문이다. 그런데 승진 발표를 보자 마음이 언짢았다. 자신보다 일도 못하고 능력도 부족한 타 부서 박 대리가 과장으로 승진한 것이다. 평판이나 업무 평가도 자신이 훨씬 좋은데 말이다. 조셉 러프트와 해리 잉햄 두 심리학자가 연구 발표한 '조하리의 창'이라는 이론이 있다. 조하리의 창은 인간의 마음을 크게 네 구역으로 나눈다. 자신도 알고 타인도 아는 '열린 창', 자신은 알지만 타인은 모르는 '숨겨진 창', 자신은 모르지만 타인은 아는 '보이지 않는 창', 자신도 모르고 타인도 모르는 '미지의 창'이 바로 그것이다. 이 네 가지 중에서 자신만 알고 타인은 모르는 '숨겨진 창' 때문에 우리는 다른 사람을 함부로 평가해서는 안 된다. 초등학교 동창 모임에 가면 으레 초등학생 시절 이야기로 꽃을 피운다. 초등학생 때는 성적이 좋지 않았지만 현재는 성공한 친구를 함부로 이야기할 때가 종종 있다. 어릴 때 모습이 전부는 아닌데 말이다. 누구에게나 숨겨진 능력이 있지만, 우리는 단편적인 모습, 겉으로 보이는 모습으로 전체를 평가한다.

필자가 다니는 회사에서는 1년에 2회 인사 평가를 한다. 인사 평가를 하기 전에 먼저 본인 평가를 한 후 그것을 토대로 상급자가 다시 평가한다. 본인 평가는 상급자에게 자신의 성과를 보고하는 자료로 쓰인다. 이 평가에서 대다수가 자신에게 90~100점 사이의 점수를 준다. 반면 동료와 상급자는 좋게 평가하지 않는다. 물론 경쟁 상대라서 그렇기도 하지만 웬만해선 다른 사람에게 후한 점수를 주지 않는다. 그렇다면 왜 자신은 관대하게 평가하면서 타인은 박하게 평가하는 것일까? 시인 롱펠로는 이렇게 말한다. "자신을 평가할 때 우리는 할 수 있을 것 같은 느낌으로 우리 자신을 평가하지만, 남들은 우리가 이미 한 결과로 우리를 평가한다."

연세대 심리학과 서은국 교수는 행복심리학 강의에서 행복한 사람과 그렇지 않은 사람의 인지적 습성 차이를 소개했다. "불행한 사람은 끊임없이 사회 비교를 한다. 인생의 가치를 남과 비교하면 행복해지기 힘들다. 결론적으로 행복한 사람에게는 자신에 대한 절대적 기준이 있는 반면, 불행한 사람은 상대적 평가에 좌우된다. 이런 사고를 가진 사람은 타인에게 잣대를 주기 때문에 주관적 행복을 찾기가 힘들다." A씨와 B씨는 경력직으로 함께 입사한 동기다. 서로 업무 협조도 잘 하고 성격도 비슷해서 관계가 좋았다. 그러다 서로의 급여를 알게 되었고, 먼저 입사했음에도 급여가 더 적다는 것을 안 A씨는 곧바로 퇴사했다. 퇴직 사유는 다른 직업과 경력 개발이라고 했지만 나중에는 급여 차이 때문이라는 것을 알게 되었다. 단순한 급여 차이가 아니라 업무 차이가 있었는데, 겉으로 드러나는 급여만 본 것이다. 직장, 출신학교, 심지어 배우자까지 비교하면서 객관적으로 행복한 조건임에도 힘들게 살아가는 사람들이 있다. 비교 자체가 스트레스를 받는 일이다. 어린아이에서 어른까지 타인과 비교함으로써 자존심에 가장 많이 상처를 입는다. 직장에서도 같은 일을 하는데 급여 차이가 있고, 반대로 급여는 같은데 업무량의 차이가 있으면 불만이 생긴다.

비교해서 스트레스를 받는다면 자신의 모습을 들여다보고, 상대방과 비교해서 자신만의 장점을 찾아보자. 급여가 비교된다면 업무량을 따져보고, 그래도 억울하면 일에서 즐거움을 찾자. 그리고 긍정적인 마인드를 가지자. 필자 또한 비교에서 벗어날 수 없었고, 비교해서 스트레스를 많이 받았다. 같은 조건인데 필자만 제대로 평가받지 못한다고 투덜댔다. 이럴 때 마음 관리가 필요하다. '너무 많은 의미를 두지 말자. 내 일만 잘하자'고 생각하면서 마음 관리로 어려움을 이겨 냈다.

남을 함부로 평가하지 말자. 누구나 그 사람만의 장점이 있다. 상대방이 싫어하는 사람일수록 더 과소평가하기 쉽다. 다른 사람을 평가하고 비교하는 것 자체가 스트레스다. 나는 오로지 자신만 평가하고 피드백하면 된다.

5
배려의 심리학 :
착한 배려는 상대방의 마음을 훔친다

손해 보는 삶은 무엇일까? 손해 보는 것이 진정으로 손해 보는 것일까? 승진 심사 때의 일이다. 매번 승진자를 발표하기 전에 승진심사위원회를 연다. 여기서 승진은 기본적으로 평가 점수로 결정하지만, 점수로 표현하지 못하는 것이 있는지 다시 한번 검토해서 임의 평가 점수를 결정한다. 심사자들은 자기 부서 직원을 한 명이라도 더 승진시키려고 노력한다. 때로는 격론을 벌이며 꼭 승진해야 하는 이유를 이야기한다. 어느 누구도 손해 보려고 하지 않는다. 그런데 승진심사위원회에서 종종 양보한 임원과 부서장에게 좋은 결과가 나타나는 것을 볼 수 있다. 당장의 협의 과정에서는 손해를 보았지만, 결과적으로는 해당 부서에서 더 많은 인원이 승진한다. 설사 당해 연도에는 좋지 않더라도 나중에 반드시 보답으로 되돌아온다. 여유로운 마음을 보여주고 남에게 양보하는 모습 속에서 양보가 전혀 손해가 아니었음을 알 수 있다.

영업을 해 본 사람은 알겠지만 영업에서 매출 목표는 절대적이다. 매년 연초 사업 계획을 수립하면서 영업사업부별 목표를 조정하는 절차를 거친다. K부장과 S부장은 목표 조정을 했지만 결국 실패했다. 두 사업부에서 끝까지 목표를 조정하지 못하자, 결국 본부장이 개입하여 두 사업부의 목표를 조정했다. 조정되었다기보다는 K부장이 양보했다는 것이 더 정확한 표현이다. 득의양양했던 S부장은 결국 '내가 해냈다'며 기뻐하는 듯했다. 하지만 아이러니하게도 S부장은 3개월 후 K부장 후임으로 발령이 났다. 그렇게 목표 조정에 문제점을 꼬집으면서 한 치도 양보하지 않은 것을 후회하기에는 조금 늦은 감이 있었다. 이런 일이 직장 내에서는 자주 벌어진다.

한 새색시가 시집와서 처음으로 밥을 짓다 그만 태우고 말았다. 너무 속이 상해 부엌에서 눈물을 뚝뚝 흘리고 있자 남편이 다가와서 "물이 적어 밥이 탔구려. 물을 적게 길어 온 내 탓이요. 울지 마시오."라고 위로했다. 이 모습을 본 시아버지도 "불이 너무 세서 밥이 탔구나. 내가 장작을 더 잘게 팼어야 하는데, 내 탓이다. 아가야 울지 마라." 하고 말했다. 시어머니 역시도 이렇게 말했다. "밥 냄새를 맡고 알려야 했는데, 내가 늙어서 냄새를 못 맡았구나. 미안하다, 새 아가." 직장 동료가 라디오에서

들은 이야기라며 페이스북에 올린 글이다. 이 글을 읽으며 남 탓만 하고 절대 손해 보려고 하지 않는 자신을 반성하게 된다. 신임 부서장 교육에서 필자가 제일 먼저, 그리고 가장 중요하게 생각하는 내용이 있다. 올바른 리더가 되려면 두 단계는 아니더라도 적어도 한 단계 높은 위치에서 생각하고 판단하라는 것이다.

내 입장에서만 생각하면 문제는 해결되지 않는다. 속담에 '깨물어서 아프지 않은 손가락이 없다'는 말이 있다. 열 손가락 중 어느 하나도 깨물어서 아프지 않은 손가락이 없듯, 부모에게는 모든 자식이 다 소중하다는 말이다. 부서장 입장에서는 모든 팀이 다 중요하다. 본부장 입장에서도 소중하지 않은 부서가 없다. 그런데 부서장끼리, 팀장끼리 의견이 맞지 않아 협조하지 않으면 답답할 노릇이다. 한 단계 높은 위치에서 생각하고 판단하면 경쟁이 아닌 상생하는 마음이 생겨 쉽게 해결된다. 손해 보는 생각을 미리 차단하는 것이다. 필자도 업무를 하는 과정에서 손해 본다는 생각으로 결정한 일이 여러 번 있다. 담당 부서에 애매한 업무가 별안간 생겼다. 부서장들이 눈치를 보면서 힘겨루기 하는 와중에 필자가 하겠다고 나섰다. 물론 여름휴가도 반납하고 일해야 했지만, 스스로 선택한 일인지라 적극적으로 업무에 임해서 정신 건강에 도움이 되었다.

반대로 이익이 생기는 일을 양보하면 "왜 양보하느냐? 바보 같은 결정을 했다."라는 말을 듣는다. 하지만 지는 것이 진짜 이기는 방법임을 잘 안다. 살아가면서 분쟁은 늘 있기 마련이다. 살아온 환경과 느낌이 다른데 생각과 판단이 같을 수는 없다. 어려운 일을 누군가 맡아야 할 때, 모두 다 원하지 않는 순서를 결정할 때 등 사소한 일에서 누군가 양보가 필요할 때 그 주인공이 되는 것도 할 만한 일이며, 이럴 때 마음이 편해진다. 대화에서도 그렇다. 가끔 어린아이와 같은 어른들과 대화를 하는 경우가 있다. 무조건 자신의 이야기가 맞다고 우길 때 그것이 별로 중요한 것이 아니면 그냥 들어 주는 것이 좋다. 사소한 것에 목숨 걸 필요는 없으며, 중요하지도 않은데 이겨 보았자 결국 본전치기다. 억지로 우겨서 틀리면 망신이고, 맞으면 본전이기 때문에 힘들여 강하게 주장할 필요가 없는 것이다. 때로는 지는 것이 이기는 것이다.

법륜 스님은 『행복』에서 열등감이나 우월감은 모두 삶의 기준을 타인에게 둔다는 공통점이 있다고 했다. 내 삶을 내가 산다는 주인의식 없이, 내 삶을 남과 비교하기 때문에 생기는 심리적 현상이라는 것이다. 다른 사람과 비교하면 져 주기가 쉽지 않다. 져 주기는 상대방이 아닌 자신을 위한 눈부신 넘어짐이다.

6
목표의 심리학 :
이슈는 이슈로 덮는다

1998년 IMF 때 빚보증을 잘못 서는 바람에 필자는 아파트에서 4평짜리 1층 한옥 문간방으로 이사했다. 화장실은 외부에 있었고 부엌도 겨우 추위와 비만 피할 수 있는 가건물 형태의 구조였다. 여섯 살 딸아이는 화장실 사용 등 문간방 생활에 적응하지 못해 매일 울었다. 경제적으로 어려운 와중에도 아내는 꿈이라도 갖자며 계약금을 준비해서 28평 아파트를 분양받았다. 그러고는 2년 반만 참으면 화장실 2개 있는 곳으로 이사할 수 있다며 딸아이를 달랬다. 이후 딸아이는 친구들에게 2년 반만 지나면 아파트로 이사 간다며 신나게 자랑하고는 했다. 어린 아이에게도 명확한 꿈은 힘든 상황을 이겨 내는 원동력이자 어려움을 극복하는 힘의 원천이다. 당신에게도 그런 목표가 있는가? 종종 강의 중에 직원들에게 1분 안에 지금 가진 구체적인 목표를 세 가지만 꼽으라고 이야기한다. 소중한 꿈을 즉시 이야기하는 사람도 있지만, 대다수는 바로 이야기하지 못한다. 목표는 정확히, 그리고 바로 말할 수 있어야 한다. 철학자 세네카는 "계획이 실패하는 이유는 목적이 없기 때문이다. 어느 항구로 가야 할지 모른다면 제아무리 순풍이 불어도 소용이 없다."라고 말했다.

삶은 여행이라고 한다. 여행에는 목적지가 있어야 한다. 95%의 사람이 조타기 없는 배를 타고 바람과 조수에 밀려 표류한다. 그들은 언젠가는 성공해서 항구에 도달하기를 바라지만 결국은 암초에 좌초되거나 바닷속으로 침몰하고 만다. 그러나 나머지 5%의 사람은 목적지를 결정하고 경로를 따라서 똑바로 항해하여 결국 항구에 도착한다. 인생을 항해할 것인가? 아니면 표류할 것인가?

1979년 하버드 경영대학원 졸업생을 대상으로 한 조사에서 84%가 구체적인 목표가 없었다고 한다. 장래 목표가 있지만 종이에 적지 않은 사람이 13%, 명확하고 구체적인 목표를 종이에 적은 사람은 3%였다. 10년이 지나서 응답자들을 추적한 결과, 13% 그룹은 84% 그룹보다 평균 두 배 많은 돈을 벌었고, 3% 그룹은 이 두 그룹보다 열 배가 넘는 돈을 벌었다고 한다. 명확한 목표를 종이에 기록했다는 사실 하나만으로도 결과는 엄청나게 차이가 났다. 나는 누구고, 진정 무엇 때문에 사는가? 사소한 것 하나

다른 직원들과 비교하며, 경쟁에 지친 직장인 중에 삶의 목적을 자신 있게 이야기할 수 있는 사람은 몇 명이나 될까? 필자는 회사에서 20년 이상 꿈과 목표라는 주제로 강의를 했다. 20년 전 '소중한 것 먼저 하기'라는 강의를 들은 후로는 20년 동안 목표를 구체적으로 작성하고 실천하여 달성해 왔다. 그때의 목표를 기반으로 나는 누구며 삶의 목적은 무엇인지 고민하게 되었다. 내 존재의 이유를 미션으로, 미션에 따라 달성해야 할 목표를 비전으로, 내 삶의 목적에 영향을 미치는 원칙들을 결정하는 것을 가치로 작성해서 삶의 목적을 완성했다. 구체적인 인생의 목적과 목표는 평안한 삶으로 안내한다. 필자는 매년 중장기적으로 갖고 싶은 것, 가고 싶은 곳, 하고 싶은 것을 작성한다. 가정, 직장, 개인, 기타 등 항목별로 구분하여 구체적으로 세부 실천 계획을 작성한다. 이런 목표 수립을 토대로 개인과 가정과 직장에서 균형 있는 삶을 살고 있다. 특히 핵심적인 목표 세 가지는 별도로 선정하여 집중적으로 실천한다. 매일 아침에 일어나 읽고, 취침 전에 확인하는 반복적인 습관은 목표 달성에 많은 도움이 되었다. 내 자신의 삶을 위한 다음 열 가지 행동 강령도 만들었다. 이 열 가지 행동 강령을 선언한 후 각각 네 가지 세부 행동 지침을 만들어서 실천한다.

1. 자기 삶의 주인이 되자.
2. 감사하자.
3. 목표와 꿈을 잊지 말자.
4. 3초만 참자.

5. 전도 생활이 참된 신앙 생활이다.

6. 가정을 행복하게 만들자.

7. 관계 관리를 하자.

8. 책을 읽자.

9. 건강이 제일이다.

10. 베풀며 살자.

어느 날 퇴직 후 향후 진로를 고민하는 선배와 만났다. 선배는 그동안 누구보다도 열심히 일을 했으니 퇴직 후 준비도 어느 정도 해 놓았을 것이라고 생각했다. 하지만 대화를 나누다 보니 퇴직에 대한 불만만 있고 대책은 전혀 없었다. 하고 싶은 것을 물어보니 "글쎄." 하며 조심스럽게 하고 싶은 일을 이야기했다. 왜 그 일을 하고 싶으냐고 물었더니 이번에도 "그냥, 잘 모르겠어. 그것이라도 해야 할 듯해서."라고 말했다. 직업 선택도 중요하지만, 인생의 목적은 더 중요하다. 그 선배는 나름 직장에서 성공했고, 인생도 재미있게 살아왔는데 무엇 때문에 살았는지 모르겠다며 "구체적으로 인생의 목적을 세워서 사는 사람이 얼마나 되겠니?" 하고 말했다. 이처럼 많은 직장인이 목표 없이 무작정 앞만 보고 달려간다.

목표는 목적이 분명해야 한다. 목적 없는 목표는 의미도 없고 달성한다 해도 허무하다. 꿈은 현재이면서 과정이다. 꿈은 미래가 아니라 현재의 문제며, 결과가 아니라 과정의 문제다. 미래를 위해 현재를 희생하는 것이 아니라 목표를 달성하는 과정에서 행복해야 한다. 직장에서 스트레스를 안 받을 수는 없다. 하지만 내 삶의 진정한 목적이 있고 목표가 있다면 크게 문제되지 않는다. 뚜렷한 목표가 있어 인생을 항해한다면 중간에 나타나는 장애물은 거쳐야 할 과정일 뿐이다. 삶의 명확한 목적과 목표만이 스트레스를 줄일 수 있고, 스트레스를 관리할 수 있다. 목적이 있는 명확한 목표는 직장인이 가져야 할 마음 관리 기술의 하나다.

공감백배 마음관리기술 꿀팁 . 3
마음에도 퇴근의 기술이 있다

"내 위주로 상황이 돌아가기를 원해서 화가 나는 것이다. 다른 사람들이 나를 괴롭힌다고 생각하기 때문에 내가 괴로운 것이다. 화는 그 사람의 입장에서 생각해 보면 연민이 되는 것이다. 분노는 내 입장에서만 생각할 때 화가 나는 현상이고, 연민은 그 사람 입장에서 생각해 볼 때 생기는 것이다. 사실 상대방 입장에서 생각해 보면, 평소에 내가 화내는 일의 80~90%는 화낼 필요가 없었던 일들이다." 이것은 정각사 주지 스님인 정목 스님이 한 방송에서 한 말씀이다.

필자가 가장 많이 사용하고 좋아하는 단어는 '역지사지(易地思之)'다. 이것은 마음의 유연성을 높이는 방법 중 으뜸이다. 역지사지와 관련된 영국 엘리자베스 여왕의 재미난 일화가 하나 있다. 어느 날 여왕은 영국을 방문한 중국 귀빈과 식사를 하게 되었다. 그런데 서양 테이블 매너에 익숙하지 않은 중국 귀빈이 그만 실수로 핑거볼에 담긴 물을 마신 것이다. 그러자 여왕도 중국 귀빈을 배려해서 핑거볼에 담긴 물을 마셨다. 나중에 엘리자베스 여왕의 작은 역지사지 배려를 알게 된 이 중국 귀빈은 감사한 마음에 영국과 관계 개선에 크게 기여했다고 한다. 마음의 유연성을 높이는 가장 좋은 방법인 '역지사지'가 지금도 필자의 힘든 마음을 위로해 주고 있다. 필자도 성격이 급하여 내 뜻대로 안 되면 짜증을 내고 화를 참지 못한다. 그런데 화를 내고 나면 마음이 편하지 않다. 이런 성격은 스스로 마음에 상처를 주어 육체와 정신 건강에 많은 악영향을 미쳤다. 하지만 상대방 마음을 이해하는 '역지사지'의 셀프 롤 플레이(Self Role Play)를 이용해서 지금은 불편한 마음에서 벗어날 수 있다. 예를 들어 부서의 이해관계 때문에 업무 협조가 잘되지 않을 때 보통은 상대방 탓을 하게 된다. 이때 내 입장과 관점을 자기 자신에게 이야기하고 이후 상대방 입장에서 관점을 생각한다. 이것이 바로 역지사지의 셀프 롤 플레이다. 직장생활 내에서 역지사지도 마찬가지다. 상대방에 대한 배려는 사실 상대방을 위한 것이 아니라 나를 가장 나답게 만들어 주는 방법이다.

남자들은 술자리에서 흔히 군대 무용담을 화젯거리로 삼는다. 한 친구는 매일 욕하고 얼차려를 주어서 꼴도 보기 싫을 정도로 미워한 고참이 있었는데, 휴가 전날 자신의 전투화를 정성스럽게 닦아 주는 모습을 보고 미움이 사라졌다고 했다. 단 한 번의 호의로 미움이 확 사라진 것이다. 직장생활에서도 비슷한 일이 많다. 어려움에 처했을 때 동료나 상사, 후배에게서 받은 작은 도움의 손길 하나로 상대방에 대한 신뢰와 지지가 급상승하는 경우를 많이 보았다. 그래서 경조사가 있을 때, 경사에서 건네는 축하의 악수보다 조사에서 건네는 위로의 손길이 상대방에게 더 크게 다가가는 것이다. 로버트 치알디니는 『설득의 심리학』에서 상대방에게 호의를 베풀면 상대방은 나에게 빚진 마음이 생겨서 언젠가 갚겠다는 의무감이 생긴다고 말한다. 이것은 '상호성의 원칙'으로 '호혜의 원칙'이라고도 한다. 직장생활에서 꼭 상대방에게 뭔가를 보답받기 위해서 계산적으로 상호성의 원칙을 활용하라는 말이 아니다. 동료가 힘들 때 내가 먼저 건네는 작은 위로, 도움의 손길은 언젠가 내가 힘들고 어려울 때 천군만마의 응원과 지지로 되돌아오기 마련이다. 그러므로 평상시 의미 없는 호의를 베푸는 것보다 동료나 선후배가 정말 힘들어할 때는 외면하지 말고 마음으로 도움을 주자. 특히 상사는 직원이 정말 힘들어서 도움을 요청하면 반드시 들어주고 도와주어야 한다. 아무리 편한 상사라도 상사에게 도움을 청하는 것은 심리적으로 정말 어려운 일이다. 용기가 없으면 도움조차 요청하지 못했을 것이다. 그런 직원에게 형평성의 이유로 도움을 외면한다면 상상 외의 서운함으로 반감을 살 수도 있다. 실질적인 문제 해결에 도움을 주지 않아도 된다. 단지 힘들어하는 직원의 하소연을 마음으로 들어주는 것만으로도 고마움을 느낄 것이다.

힘든 일은 한꺼번에 찾아온다는 불문율이 있다. 한쪽 도로의 정체가 심해지면, 모든 방향의 도로가 정체된다. 직장생활을 하다 보면 업무가 한순간에 몰리고, 개인적인 일과 신체적인 건강상의 문제까지 한꺼번에 들이닥칠 때가 있다. 이때는 내 마음을 잘 관리하고 정리하는 것이 무엇보다도 중요한데, 빨리 헤어나려고 서두르거나 조바심을 내면 안 된다. 그러다 보면 실수하기 마련이다. 마치 실타래가 엉켰을 때 급하게 풀려고 하면 더 엉키는 것처럼 말이다. 엉킨 실타래를 잘 풀기 위해서는 마음을 진정시키고, 엉킨 매듭을 찾아 꼬인 순서대로 천천히 풀어야 한다.

　　직장생활에서도 마찬가지다. 힘든 일이 한꺼번에 몰렸다고 짜증내거나 조바심내지 말고, 마음을 가다듬고 일의 우선순위를 정해 하나씩 차분히 해결해 나가면 된다. 이 상황에서 해결할 수 있는 방법은 자신의 마음 관리뿐이다. 필자에게도 문제가 한꺼번에 찾아온 적이 있다. 글 쓰는 일과 회사의 중요한 업무, 개인적으로 퇴근 후 배우는 코칭 교육에 어깨 통증까지 한꺼번에 찾아왔다. 아픈 어깨와 당뇨 수치의 급상승, 거기에 아내의 어깨 수술까지 감당하기 힘든 어려움들이 한꺼번에 닥쳤다(지금 이 글을 쓰고 있는 시점이다). 하지만 이 모든 일에 감사하자고 생각하니 우선순위가 결정되면서 조급함이 사라지고 마음이 한결 편안해졌다. 너무 많이 엉킨 실타래는 포기하는 경우가 많다. 어떤 사람은 포기하고, 어떤 사람은 끝까지 포기하지 않는다. 이 또한 어떤 마음을 먹느냐에 달렸다. 박노해 시인이 쓴 〈조금씩 조금씩 꾸준히〉란 시가 있다. 사람들은 하루아침에 꽃이 피었다 하고 하루아침에 그 사람이 변했다고 말하지만, 꽃도 사람도 어느 날 갑자기 변한 것이 아니라 조금씩 변했다는 것이다.

　　프로크루스테스는 그리스신화에 등장하는 도적이다. 납치한 사람을 자신의 침대에 눕혀서 그 키가 침대보다 짧으면 침대 길이에 맞게 늘려서 죽였고, 키가 침대보다 길면 침대에서 삐져나온 만큼 신체를 잘라서 죽였다. 이것은 자신이 정한 틀에 남을 억지로 끼워 맞추려는 아집을 비유하는 데 자주 인용되는 이야기다. 상사로서, 부하로서 상대방을 바꾸는 것은 스트레스의 연속이다. 혹자는 이렇게 말한다. 세상 만물 중에 고쳐서 쓰지 못할 것이 없는데, 유일하게 고쳐서 쓰지 못하는 것이 바로 사람이라고 말이다. 내가 지구에 산다고 우주의 중심이 지구는 아니다. 세상을 자기중심적으로 보는 사람이 바로 고쳐서 쓰기 어려운 사람이다. 고쳐서 쓰기 어려운 사람은 자신이 아닌 남을 바꾸려고 하지만, 뛰어난 사람은 언제나 문제의 원인과 해결을 자기 안에서 찾으려고 한다. 가장 빠르게 바꿀 수 있는 것은 오직 나뿐임을 잊지 말자.

『나를 바꾸는 1%의 비밀』에서 비믈라 파틸은 이렇게 말한다. "세상의 많은 사람이 자신을 바꾸기 어렵다고 생각하는 것은 내가 처한 환경이 나를 바꾸기 어렵게 만들거나 정말로 내가 바뀌기 어려운 성격이라서가 아니라, 단지 내가 바꾸려 하지 않을 뿐이다." 진심으로 나를 바꾸겠다고 마음먹는 순간 이미 절반은 바꾼 것이다. 오늘은 뭐라도 하나 바꾸어 마음을 퇴근시켜 보자. 상대방의 마음을 읽는 역지사지, 동료가 정말 힘들어할 때 도움을 주고 마음을 이해하는 행동, 한꺼번에 찾아오는 어려움을 순서대로 처리하는 마음, 내가 변화하는 것이 가장 빠른 해결책이라는 것을 아는 지혜, 마음만 바뀌어도 업무 능률 및 평가는 곧바로 달라질 수 있다. 마음 상태에 따라 표정이 달라지고 행동이 달라지기 때문이다.

제 **4** 장

업무의 달인, 나만의 특기 아홉 가지 전략

1 <제1전략>
계획을 수립하고 또 수립하라

'세렌디피티'는 생각하지 못한 귀한 것을 우연히 발견하는 능력을 말한다. 『세렌디피티의 법칙』을 쓴 미야나가 히로시는 우연한 행운을 자신의 것으로 만들기 위해서는 항상 장래의 비전을 구상하고 혁신을 거듭하며, 다가올 그날을 준비해야 한다고 말한다. 행운은 수없이 많은 시행착오와 실패 속에서 끊임없이 노력하는 자에게 찾아온다. 『김연아의 7분 드라마』에서 김연아는 "나는 줄곧 우연이라고 생각해 왔지만 사실은 필연이었는지도 모른다. 우연을 붙잡아 행운을 만드는 것, 누구에게나 우연을 가장한 기회가 찾아온다. 하지만 그것을 붙잡아 행운으로 만드는 것은 자신의 몫이다."라고 말한다. 행운은 준비된 자의 것이라는 말로 해석할 수 있다. 다른 사람들이 보기에 쉽게 성공한 것 같지만, 성공한 사람들에게는 우연이란 찾아보기 쉽지 않다.

〈언니쓰〉라는 TV프로그램에서 연예인들이 서로 힘들었던 시간을 이야기하고 눈물을 흘리며 위로해 주는 모습을 보았다. 어느 날 우연히 길거리 캐스팅으로 하루아침에 벼락스타가 된 연예인도 있지만, 그렇지 않은 경우가 훨씬 많다. 〈슈퍼스타K〉 출신 가수 허각은 환풍기 수리공이었으며, 송중기는 10년 동안 쇼트트랙 선수로 활동하다 무릎 부상으로 운동을 접고 성균관대에 진학했다. 이들의 공통점은 우연히 연예인이 되어 스타가 된 것이 아니라는 것이다. 자신들의 직업에 귀천을 따지지 않고 피나는 노력을 한 결과 능력을 인정받아 최고가 된 것이다. 그냥 쉽게 얻어진 명함이 아니었다. 겉으로는 아무런 어려움 없이 쉽게 성공한 것처럼 보이지만, 힘든 시기를 겪지 않은 사람은 없다. 눈물겨운 노력과 철저한 계획에 따라 성공한 것이다.

그렇다면 우연을 필연으로 만드는 방법은 무엇일까? 다음 사례로 알아보자.

"이 과장! 이번 분기에 잘해야 내년에 승진할 수 있어! 잘해야 한다." 흔히 부장들은 이렇게 말한다. 그러나 승진하려면 무엇을 잘해야 하는 것인지 방법, '하우(How)'는 없다. 관리자라면 구체적으로 무엇을 해야 하는지 세부적인 방법까지 제시하며 격려해 주는 것이 필요하다. 예를 들어 "이 과장! 내년에 승진하려면 이번 분기에 S등급을 평가받아야 해! S등급을 받으려면 최소한 본부에서 8위 안에는 들어야 하는데, 그러려면 이번 달에 3명은 반드시 위촉해야 해!"라고 알려 주어야 한다. 어떤가? 후자 쪽이 훨씬 무엇을 어떻게 해야 할지 명확하지 않은가. 명확한 목표와 세부 계획이 있으면 내가 무엇을, 왜, 어떻게 해야 하는지 의지와 방법을 결정할 수 있고, 실행하는 정도에 따라서는 원하는 목표도 달성할 수 있을 것이다. 우연히 얻은 승진이 아닌 승진할 수밖에 없는 필연이 되는 것이다.

공자는 "일생의 계획은 어린 시절에 달려 있고, 1년의 계획은 봄에 있고, 하루의 계획은 새벽에 달려 있다. 어려서 배우지 않으면 늙어서 아는 것이 없고, 봄에 밭을 갈지 않으면 가을에 바랄 것이 없으며, 새벽에 일어나지 않으면 그만한 일이 없게 된다."라고 말한다. 무언가 이루기를 바란다면 미리 계획하고 준비해야 한다는 뜻이다. 이것이 우연을 필연으로 만드는 방법이라고 생각한다. 직장인의 희로애락을 완벽하게 재연하여 뜨거운 관심을 받았던 윤태호 작가의 『미생』을 모르는 사람은 없을 것이다. 직장생활을 한 번도 한 적이 없는 그가 직장인의 애환을 그려 낸 것을 보고 독자들은 놀라움을 드러냈다. 그러나 작품이 탄생하기까지 과정을 살펴보면 어쩌면 당연한 결과인지도 모르겠다.

윤태호 작가는 초등학교 때부터 20년간 그림만 그리다가, 어느 날 작가가 되겠다는 목표를 세웠다. 유명 작가가 되는 데 필요한 것들을 정리하고, 중간 목표와 계획을 수립하며, 그것을 이루는 데 걸리는 시간까지

역산하여 준비했다. 또 자신의 단점을 극복하고자 무진장 노력했다. 그가 한 노력을 세 가지로 정리해 본다. 첫째, 사람들의 마음을 움직이는 작가가 되려고 하루에 몇 시간씩 사람들의 경험을 듣고, 자신만의 스토리로 기록했다. 둘째, 작가로서 통찰력을 키우려고 드라마 〈모래시계〉 대본 전체를 필사하며 작가의 경험과 생각을 느끼려 노력했다. 셋째, 사람들의 경험과 생각을 글로 표현하는 역량을 강화하려고 매일 일기를 쓰며 통찰하고, 생각과 느낌을 글로 표현하는 연습을 했다. 이렇게 철저한 계획과 실천이 있었기에 독자들에게서 사랑받는 작품이 탄생된 것이다. 독자의 사랑은 우연처럼 보이는 필연이었다.

직장에서도 업무를 잘하려고 기한을 정하고, 세부적인 계획을 세운다. 보통 기한이 정해져 있으면 끝나는 시점을 기준으로 역산하여 업무를 기획하고 추진한다. 업무의 기한이 없다면 어떻게 될까? 대부분 매듭을 짓지 못한 채 흐지부지되는 일이 빈번할 것이다. 또 업무를 제대로 수행하지 못한 것에 질책을 받을 수도 있다. 그래서 직장에서는 대부분 업무의 처리 기한을 정하고, 일을 수행할 수 있도록 시스템화한다. 내가 관리하는 교육 업무는 연간 일정이 표준화되어 있다. 그러다 보니 보고하는 시점과 마무리하는 시점이 어느 정도 정해져 있다.

예를 들어 7월 초에 시작하는 교육이라면 5월 초에 결재를 모두 완료한다. 당연히 4월 초에는 프로그램을 확정해야 한다. 그렇다면 2월에 어떤 교육을 할지 기획해야 하고, 초안 품의는 3월에 완료해야 한다. 또 최종 의사결정권자가 누구냐에 따라 의사 결정 데드라인을 정해 놓고 업무를 진행해야 한다. 가장 실수를 범하기 쉬운 것이 돌발 변수에 대한 대책이다. 그리고 업무를 수정할 수 있는 시간적 여유도 생각해야 한다. 시간적 여유가 없으면 마음이 급해져 실수하기 마련인데, 업무 신뢰도에 영향을 미칠 수 있다. 필자는 업무 특성상 직장에서 행사를 많이 맡았다. 모든 행사에는 날씨에 대한 변수, 돌발 상황에 대한 대안은 기본적으로 있어야 한다. 아주 사소한 업무라도 대안을 생각해 두는 일은 필수다. 플랜B는 기본적으로 2~3개 정도 있어야 한다.

세계적인 광고 디자이너 이제석은 광고주의 기호와 시장 변화에 따른 대안을 철저히 준비하기로 유명하다. 방송인 유재석도 방송 대본을 받으면 촬영 당일의 현장 돌발 변수에 대비하여 애드립 2~3개 정도와 대안 스크립트를 준비한다. 우리가 보기에 실수가 없어 보이는 것도 우연이 아닌 필연인 것이다. 신입사원 때는 모든 일이 익숙하지 않아 주어진 업무를 기계적으로 수행하다 보니 자신만의 차별화된 대안을 준비하지 못한다. 어쩌다 하는 실수는 우연이 아니다. 어쩌면 그 전에 만났어야 하는 필연인지도 모른다. 직장에서 업무는 일을 시작하는 시점, 보고하는 시점, 끝내는 시점을 철저한 계획에 따라 진행해야 한다. 다양한 대안은 예기치 못한 상황에 대비할 수 있게 한다. 모든 업무를 제대로 스케줄링한다면 업무 효율과 직장생활의 여유는 물론 편안한 마음까지도 가질 수 있다.

2 <제2전략>
자동화 시스템으로 만들어라

"나를 잡아 길들이고 훈련시키고 단호하게 통제한다면 나는 당신의 발밑에 이 세상을 바칠 것이다. 그렇지 않으면 내가 당신을 파괴할 것이다." 여기서 '나'는 무엇일까? 바로 '습관'이다. 직장생활에서 고정적인 업무를 표준화하는 것은 중요한 일임에 틀림없다. 정형화된 업무를 잘 표준화해 놓으면 일 처리가 수월해진다. 그러나 업무에 대한 표준화를 잘못하면 그 사람의 평판과 능력에 좋지 않은 영향을 미칠 수 있다. 아리스토텔레스는 "인간은 어떤 한순간의 노력으로 특정지어지는 것이 아니라, 반복되는 행동으로 규정된다. 그러므로 위대한 것은 습관이다."라고 말한다.

직장에서도 한순간의 노력이 아닌 반복되는 습관적 행동으로 그 사람의 업무 방식과 스타일을 결정짓고, 업무를 평가한다. 우리나라 장년층 중 국민체조를 모르는 사람은 아마 없을 것이다. 지금도 '국민체조 시작'이라는 구령과 함께 흘러나오는 노래를 들으면 자동으로 동작이 떠오른다. 너무나도 신기한 일이다. 아주 오랜 시간이 지난 지금도 몸은 국민체조를 기억하고 있으니 말이다. 국민체조의 순서를 의식적으로 바꾸어서 하면 어떨까? 아마도 엄청난 어색함과 불편함이 주는 짜증을 견디지 못하고 포기해야 할지도 모르겠다. 국민체조는 어쩌면 매뉴얼에 따라 자동화된 습관의 전형적인 사례일 것이다.

군대를 다녀왔다면 '멀가중 멀가중 멀중가중'이라는 용어를 잘 알 것이다. 사격 훈련을 할 때 표적에 따라 격발 요령을 몸에 익히게 하는 훈련 순서다. 총알은 항상 포물선을 그리면서 날아가므로 거리에 따라 오차 범위를 줄이려고 겨냥할 위치를 변경해 가며 훈련한다. 오랜 통계 자료에 근거해서 '멀가중 멀가중 멀중가중' 순서대로 훈련하는 것이 사격 실력을 체계적으로 향상시키는 방법임을 알게 된 것이다.

매뉴얼은 조직뿐만 아니라 일상생활이나 업무에서도 반드시 필요하며, 개인의 역량을 극대화해 주는 가장 기본적인 것이다. 똑같은 상황에 항상 새롭게 접근하라는 미션을 수행해야 한다면 아마도 극도의 스트레스를 받을 것이다. 우리 뇌는 익숙한 것에 편안함을 느끼고, 익숙하지 않은 것에는 불편함을 느낀다. 그래서 자신의 업무에서 바뀌지 않는 고정된 업무가 있다면 나름 매뉴얼을 만들어 스트레스를 줄일 수 있고 효과적으로 수행할 수 있다.

'대량생산'의 법칙은 1910년 독일 경제학자 뷔허가 주창한 이론으로 미국 포드 시스템이 처음으로 시작한 체제다. 생산의 표준화와 컨베이어 시스템으로 규격화된 제품을 단기간에 대량으로 생산해 내는 것이다. 대량생산의 역사적 성과는 바로 표준화된 매뉴얼에서 시작되었다. 계속 반복적으로 하는 업무는 매뉴얼화하여 습관화해 두면 편안하게 일할 수 있다.

필자는 뷔페에 가면 먹는 음식 종류와 순서가 거의 비슷하다. 처음에는 거의 무의식적으로 평소에 즐겨 먹는 음식을 가져오고, 그다음에야 새로운 종류의 음식을 두세 가지 가져온다. 메뉴 고르는 방법과 음식 종류를 결정하는 행동도 어찌 보면 개인의 습관에 따라 결정된다.

우리는 종종 식습관을 바꾸어서 건강을 관리하라고 말한다. 하지만 어려서부터 오랜 기간 이어 온 식습관을 하루아침에 바꾸기는 어렵다. 규칙적인 생활 습관과 업무를 매뉴얼화한 대표적인 위인이 있다. 바로 조선 21대 왕인 영조다. 조선시대 임금의 평균 수명은 47세였지만, 영조는 83세까지 장수한 왕이다. 영조는 원래 잔병이 많았고 몸도 허약한 국민

약골이었다. 똑같은 시간에 일어나서 똑같은 시간에 잠자리에 들고, 식사 시간과 음식 섭취량, 요일별 먹는 음식 종류도 규칙적이었다. 대신들과 토론하는 시간, 책을 읽고 글을 쓰는 시간 등 자신만의 업무 매뉴얼을 꼭 지켰다. 심지어 아들인 사도세자가 뒤주에 갇혀 죽던 날도 식사 시간과 식사량, 책 읽고 잠든 시간까지 평소와 똑같이 했다고 하니 영조의 매뉴얼 준수가 얼마나 철저했는지를 알 수 있다.

누구든지 결정적인 순간에는 긴장하기 마련이지만, 충분한 연습을 통해 습관으로 만들면 해소할 수 있다. 운동선수들의 훈련은 어찌 보면 몸을 길들이는 훈련일 것이다. 큰 대회에 참여한 운동선수들도 인간이기에 기량을 발휘해야 하는 중요한 순간이 오면 긴장할 수밖에 없다. 하지만 철저한 연습으로 몸이 자동으로 움직이게 함으로써 극복한다고 한다. 『뉴욕타임스』 심층보도 전문기자인 찰스 두히그는 『습관의 힘』에서 습관을 실천하면 크고 작은 보상을 받게 되고, 우리의 몸은 계속해서 보상을 받으려고 무의식적으로 습관을 행하게 된다고 말한다.

박 차장은 20년 이상 업무 스타일을 자동화했다며 항상 자랑한다. 업무를 새로 맡으면 3개월간 관찰한 후 다이어리에 꼼꼼히 적어 놓는 것이다. 박 차장의 책상에는 일일업무, 주간업무, 월간업무, 분기업무의 체크리스트가 놓여 있다. 동일한 업무일 때는 1년에 한 번 업데이트 한다. 영업사업부장으로 발령받은 후에는 회의와 조회, 교육, 심지어는 대리점과 식사하는 횟수, 경조사 참석 범위와 경조금까지 세심하게 자동화해 놓았다. 이런 고정적인 업무는 실수하고 놓치는 것을 방지하고 모든 직원의 불만을 없애는 방법이라고 말한다.

직장에서도 업무의 대부분은 1개월 또는 분기, 1년 주기로 일정하게 진행된다. 업무를 처리하는 방법도 동일한 프로세스로 진행되는 경우가 많다. 이처럼 다양함과 변화를 추구하는 업무를 제외하고는 나만의 고정적인 업무의 룰을 만들어 놓자.

3 <제3전략> 내가 좋아한다고 강요하지 마라

"사랑은 그가 좋아하는 것을 하는 것이 아니라, 그가 싫어하는 것을 하지 않는 것이다."라고 에릭 프롬은 말한다. 필자 역시도 이 말에 공감한다. 상대방이 싫어하는 것을 하지 않는 것은 모든 직장인에게 요구되는 배려의 태도다. 이것은 상사를 향한 태도에만 해당되지 않는다. 동료나 부하직원을 대할 때도 요구되는 자세다. 상대방이 좋아하는 것을 하는 것이 최선이라면, 상대방이 싫어하는 것을 하지 않는 것은 마지노선이다. 직장생활에서 상사나 동료 등 지위고하를 막론하고 싫어하는 것을 하지 않는 것은 최소한의 예의다. 레오나르도 다빈치, 아인슈타인, 에디슨, YG 양현석에게는 한 가지 공통점이 있다. 바로 난독증 환자였다는 점이다. 그런데 이들은 난독증 증세가 있음에도 성공을 이루었다. 어떻게 성공할 수 있었을까? 그들은 사람들에 대한 배려가 있었기 때문에 성공할 수 있었다고 고백한다. 실제로 이들은 다른 사람들의 경험이나 아이디어 등을 온몸으로 경청하여 자신의 지식과 노하우를 쌓는 데 활용했다. 간혹 "왜 저렇게 민감하게 반응할까? 정말 이상해!" 하고 생각되는 사람도 있는데, 그것이 상대방에게는 감추고 싶은 일종의 트라우마이기 때문일 것이다. 때로는 상대방이 무엇을 좋아하는지 보다는 무엇을 싫어하는지를 먼저 질문해 보자. 어떤 유형의 사람을 싫어하는지, 어떤 상황을 싫어하는지, 어떤 것이 부담스러운지 질문하여 조금씩 파악하면 된다.

『맹자』의 「공손추」편에 불인지심(不忍之心)이라는 말이 있다. 인간으로서 남의 불행을 차마 보지 못하는 선한 마음을 뜻한다. 직장생활에서 상사를 모시거나 부하직원을 이끌 때도 이런 마음을 가져야 한다. 하버드대학 협상연구소의 다니엘 샤피로는 『원하는 것이 있다면 감정을 흔들어라』에서 상대방의 감정을 존중하고 나의 감정을 인정하면 성공적으로 협상하여 원하는 것을 얻을 수 있다고 말한다. 협상은 논리적이고 이성적인 판단을 요구하지만, 감정 상태에 따라 실패할 가능성이 더 높다. 실제로 화가 난 상태에서 협상하면 상대방에게 밀리거나 협상에 실패하기 쉽다. 그 대상이 상사이든 부하직원이든 간에 상대방의 마음을 알려면 관심과 이해가 필요하다. 이해는 관심이 전제되어야 한다. 상대방에게 관심이 없으면 그가 무엇을 하든, 무슨 생각을 하든 신경 쓰지 않기 때문이다.

괴테는 "타인의 마음을 이해하는 일에는 요령이 있다. 누구를 대하든 자신이 아랫사람이 되는 것이다. 그러면 저절로 자세가 겸손해지고, 상대방에게 좋은 인상을 안겨 준다. 그리고 상대방은 마음을 연다."라고 말한다. 이것은 영어 단어 '이해하다'의 뜻을 살펴보면 쉽게 알 수 있다. 타인의 밑(Under)에 서야(Stand) 진정으로 그 사람을 이해(Understand)할 수 있는 것이다.

의전을 싫어하는 상사가 있는가 하면, 의전을 하지 않으면 기본이 안 된 직원이라고 평가하는 상사도 있다. '맞다', '틀리다'의 잣대를 논하자는 말이 아니다. 성향에 따라 원하는 것이 다르기 때문에 상대방이 어떤 것을 싫어하는지, 주의해야 할 점은 무엇인지 미리 확인하는 관심이 필요하다는 말이다. 허물없이 편한 사이일수록 서로에 대한 예의를 지키기 어렵다. '우리 사이에 이런 행동이나 말쯤이야' 하는 생각으로 의식하지 않고 행동하다 보면 실수하기 마련이다. 상대방의 행동 때문에 설사 상처를 입었다 하더라도 앞으로 관계를 의식하여 참고 넘기는 경우도 있을 수 있다. 문제는 마음속 상처가 하나둘 쌓이면 더 이상 회복할 수 없을 만큼 깊어져 서로 마음의 문을 닫게 되는 것이다. 상하 간의 관계를 막론하고 직장생활에서 싫어하는 행동과 말을 들었을 때 듣는 사람은 누구나 상처를 받는다.

필자는 가족이 어떤 이야기를 할 때 싫어하는지 알고 있다. 아내는 재산이나 학력으로 사람을 평가하는 것을 싫어하고, 아들은 다른 사람과 비교하는 것을 싫어하며, 딸은 남자친구에 대한 질문을 싫어한다. 다른 사람과 같이 있을 때도 이런 대화가 나오면 자연스럽게 다른 주제로 바꾸곤 하는데, 상대방이 싫어하는 것을 알기 때문이다. 『대통령의 글쓰기』의 강원국과 『언품(言品)』, 『언어의 온도』의 이기주는 모두 대통령 연설비서관 출신이다. 그들은 단지 탁월한 논리와 유려한 문체가 들어간다고 좋은 연설문을 쓸 수 있는 것이 아니라고 한목소리로 말한다. 대통령의 철학, 좋아하는 것, 싫어하는 것에 대한 깊이 있는 이해와 공감을 바탕으로 작성해야 좋은 연설문이 된다고 말한다. 그러려면 대통령에 대한 관심과 애정 어린 관찰이 수반되어야 한다.

직장에서 상사나 동료, 부하직원과 좋은 업무 관계를 유지하려면 상대방에 대한 관심과 애정이 필요하다. 그러다 보면 자연스럽게 상대방이 좋아하는 것은 더 챙겨 주고, 싫어하는 것은 하지 않게 되는 존중과 배려심이 높아진다. 결국 직장에서 상대방이 싫어하는 것을 계속하는 것은 상대방에게 관심이 없거나 무시하는 행위나 다름없다. 상대방을 굳이 애써 이해하려 들지 말고, 그대로의 모습을 인정하자. 그것은 결국 나를 위한 것이다.

4 〈 제4전략 〉
나만의 특기를 만들어라

탁구를 정말 잘 치는 부하직원이 있었다. 그는 초등학생 때 처음 탁구를 배웠는데, 이후 대학에서 탁구 동아리 활동을 하면서 실력이 더욱 향상되었다고 한다. 제대 후에는 사회 탁구 동아리에서 활동했다. 탁구 동아리에는 30대 후반부터 60대까지 다양한 연령층이 활동한다. 그는 프로다운 탁구 실력으로 동아리 회원들을 가르쳐 주는 등 아낌없이 시간을 투자했다. 그 덕분에 성공적으로 영업소장 직분도 수행할 수 있었다. 본사로 발령 난 후에도 탁구는 직장생활의 활력소가 되었으며, 이것으로 스트레스를 해소한다는 일화로 사내 방송에도 출연했었다.

1992년 사내에서 노래 경연대회를 개최했다. 각 지역별 예선을 거쳐 통과한 최종 8명은 잠실 실내체육관에서 체육대회가 끝난 후 결선 대회를 가졌다. 필자는 감사하게도 결선 대회에서 1등의 영광을 차지했다. 이후 사내에서 필자를 모르는 사람이 없을 정도로 유명해졌다. 경연 대회에서 1등으로 타 부서의 업무 협조도 쉽게 받을 수 있었다. '일을 잘하는 직장인'보다 '일도 잘하는 직장인'이 더 인정받는 시대다. 자신의 고유 업무를 벗어난 1~2개 정도의 특기가 있는 사람일수록 업무 능력이나 협업에 더 능숙한 것 같다. 한마디로 오로지 맡은 일에만 몰두하여 일만 하는 '일벌레' 시대는 지났다는 말이다.

　특기가 꼭 운동이나 노래일 필요는 없다. 개그, 기획력, 타인에 대한 배려 등 어떤 분야라도 상관없다. 자신만의 분야에서 남보다 조금 더 잘할 수 있고, 조금 더 나은 실력으로 타인을 도와줄 수 있다면 바로 그것이 자신의 특기인 셈이다. 특기는 타인에 대한 배려로 표현하고 싶다. 그 배려는 일상에서 곤경에 처했을 때 반드시 좋은 탈출구와 생각하지 못한 성과로 연결된다.

　필자는 〈복면가왕〉을 자주 보는 편이다. 가면을 쓰고 노래하는 사람이 누군지 궁금하기도 하고, 누구인지 유추해 보는 재미가 있기 때문이다. 노래하는 사람이 누군지 맞추고 싶어 목소리에 완전 집중하게 만드는 것이 이 프로그램의 장점이 아닐까 싶다. 가면을 벗고, 자신의 정체를 밝히는 순간 와 하는 탄성이 나온다. 마음속으로 예상했던 사람이 맞는지, 도대체 누구인지 궁금증에 답을 얻는 탄성일 것이다. 복면을 벗은 사람이 가수면 당연함에 고개를 끄덕이지만, 가수가 아니면 많은 사람이 적잖이 놀란다. '가수가 직업이 아님에도 어쩜 저렇게 노래를 잘하다니' 하면서 말이다.

직업이라서 일을 잘하는 것은 당연하다. 하지만 직업과 관계없는 다른 일도 잘하면 색다른 자신을 보여 줄 수 있는 기회가 된다. 한 분야에 열중하는 사람이라는 뜻인 '오타쿠(おたく)'가 최근 국내에서는 '덕후'라는 말로 더 많이 사용된다. 예전에는 희한한 분야에 관심을 쏟아서 사회성이 떨어지는 사람으로 취급받았으나, 요즘에는 아마추어 취미 전문가로 오히려 더 각광받는 시대가 되었다.

일본 TV 애니메이션 〈케로로 중사〉에 나오는 히나타 나츠미는 "취미란 억지로 즐기려 노력하는 것이 아니다. 하고 싶은 일을 하고 싶을 때 하는 것이다."라고 말했다. 이처럼 일명 '덕후'들은 자신이 좋아하는 취미 생활을 누군가의 눈치를 보며 억지로 즐기는 것이 아니라 자신이 진정으로 하고 싶은 것을 하고 싶을 때 즐긴다. 과거 어른들은 이들에게 핀잔을 주면서 "취미가 밥 먹여 주느냐"라고 말했지만, 요즘 세상에는 취미가 돈이 되기도 하고 새로운 직업이 되기도 한다. 그렇다. 취미가 밥을 먹여 주는 시대가 된 것이다.

회원 수 1,500만 명을 거느린 국내 1위 '중고나라'의 이승우 대표와 최근 프랜차이즈업계에서 두각을 나타낸 '두끼떡볶이'의 김관훈 대표는 대표적인 덕후들이다. 이 대표는 '쇼핑마니아'이었고, 김 대표는 '떡볶이 광'이었다. 이 대표는 법학을 전공하다 의류전문쇼핑몰을 운영하면서, 김 대표는 공대생으로 8년간 석유화학회사에서 근무하다 자신이 좋아하는 일로 평생의 업을 바꾸었다. 탤런트 이시영은 2010년 방송 프로그램에서 복싱을 하는 장면을 찍다가 복싱 선수로 등록해서는 전국 아마추어 복싱선수권에서 우승하는 등 일곱 차례에 걸쳐 메달을 땄다. 그리고 대표급 못생긴 남자배우인 유해진은 인문학과 설치 미술에 조예가 깊다. 어디를 여행하든 항상 미술관을 찾는다는 그는, 이미 몇 차례 설치미술 전시회를 개최할 정도로 전문가다. 이 취미로 유해진은 뇌섹남으로 대중에게 인식되었다.

한국 철학계의 거목 김형석 교수는 『백년을 살아보니』에서 인생의 황금기는 60세에서 75세로 즐거운 취미 생활을 반드시 가지라고 권한다. 직장에서의 업무 능력이 현재의 삶을 지탱해 준다면, 취미 생활은 후반부 인생 경쟁력의 근간이 된다고 말하며, 취미 생활을 건조한 직장생활에서 마음을 치유해 주는 천연 연고에 비유한다. 어떤 사람은 이렇게 묻는다. "난 진짜 내세울 것이 하나도 없는데, 특기가 없으면 사회 생활을 못 하나요?"

물론 이렇게 극단적으로 생각할 수도 있다. 그런데 이 세상에 특기가 없는 사람은 없다. 단지 그것을 발견하느냐, 발견하지 못하느냐의 차이일 뿐이다. 마음의 근력이 약한 사람일수록 자신의 장점을 발견하지 못하고, 자신의 약점에 집중한다. 특기가 없다고 느끼는 사람들에게 우선 필요한 것은 자신을 긍정적으로 바라보는 시선이다. 분명 잘할 수 있는 것, 즐겁게 했던 일이 있을 것이다. 자신의 특기는 스트레스 해소의 가장 중요한 방법이 되고, 힘들 때 피난처가 되기도 한다. 그래서 꼭 필요한 인생의 친구라고 생각한다. 내가 좋아하는 것 중에서 나만의 강점을 발견하고, 업무 외적인 전문성을 하나쯤은 확고히 키워 놓자.

5 < 제5전략 > 보고의 타이밍을 잡아라

직장생활을 하다 보면 누구나 보고와 관련된 에피소드 하나쯤은 있다. 보고하는 것이 뭐가 그리 어려울까 하고 생각할 수 있지만, 지금 이 시간에도 보고를 어떻게 해야 할지 안절부절못하고 고민에 빠져 있는 직장인이 적지 않을 것이다. 세상의 부하직원들이 토로하는 보고와 관련된 푸념을 한번 들어 보자.

(자세히 보고하면)
"이런 시시콜콜한 것까지 보고할 필요 없어!"
(사소한 일이라 생각되어 보고하지 않으면)
"내가 다른 사람에게서 들어야겠어? 왜 보고 안 했는데?"

(상황을 정확히 설명하려고 하면)

"길게 이야기할 필요 없고, 그래서 결론이 뭐야?"

(화급을 다투어 신속 보고하면)

"나 정신 없는 것 안 보이나? 꼭 지금 이것을 보고해야겠어?"

(타이밍을 생각해서 후 보고하면)

"이렇게 중요한 것을 왜 바로 보고하지 않아?"

(근거 자료 없이 결과만 보고하면)

"근거 자료를 만들어서 보고해."

(근거 자료를 만들어서 보고하려고 하면)

"자료 없이 즉시 구두 보고해."

일반적으로 보고의 달인들이 전하는 공통적인 처방전은 다음과 같다.

- 되도록 형식을 따지지 말고 수시로 보고한다(자주 보고한다고 혼내는 상사는 없다).
- 보고는 상사가 선호하는 방식(결론 중시 또는 기승전결 중시)에 맞추어서 한다.
- 타이밍을 고려하여 보고한다(아주 바쁠 때나 이른 아침, 퇴근 직전은 피하고, 대체로 미흡하더라도 빠르게 보고하는 것이 더 낫다).
- 묻기 전에 보고한다(찾기 전에 알아서 보고하는 부하가 제일 예뻐 보인다).
- 3일 이상 걸리면 반드시 중간 보고를 한다(구두나 전화, 카톡 문자 등).

- 야단 맞을까 걱정되더라도 허위 보고는 하지 않는다.
- 상사가 보고를 귀찮아할 것이라는 편견은 금물이다(정보의 취사 선택은 상사가 한다).
  - 사실과 추론을 구별해서 보고하고, 깨달음과 부하의 판단도 덧붙이면 좋다.
  - 보고 마무리에는 상사에게 한 수 가르침을 요청한다.

하지만 특별한 상황에서 보고하는 데 정답은 없다. 지혜로운 센스와 고도의 심리 대응이 필요하다. 보고하는 과정에서 팀장은 불필요하니 이 내용을 삭제하라 하고, 부장은 좀 전에 삭제한 내용을 다시 첨가하라고 한다. 도대체 어느 장단에 맞추어야 하는지….

그렇다면 과연 언제 어떻게 보고하는 것이 가장 좋을까? 일반적으로 평이하게 일어나는 일들에 대해서는 보고하는 것은 어렵지 않을 것이다. 문제는 특별한 경우의 업무가 발생했을 때다. 시기와 상황, 대상에 따라 보고의 형태가 달라지기 때문이다.

어찌 보면 정답이 없는 것이나 마찬가지다. 그렇다고 운에 맡길 수 있는 문제도 아니다. 이때는 보고받을 대상의 마음을 먼저 살펴보는 것, 그 마음과 분위기와 같은 상황을 파악할 수 있는 능력을 갖는 것이 중요하다. 보험회사에서는 설계사 자격시험 합격률과 합격 인원이 매우 중요하다. 예를 들어 금요일 저녁 본부장이 퇴근한 상황에서 합격자가 발표되었다고 하자. 그런데 예상보다 합격률이 너무 저조하다. 본부장에게 언제 보고하느냐를 두고 직원들 사이에 갑론을박이 이어졌다. 부장은 월요일 아침에 보고하자 하고 팀장은 심각한 상황이니 빨리 보고하자고 한다. 일반적인 문제는 신속하게 보고하는 것이 맞다. 하지만 보고받는 당사자의 상황에 따라 대처하는 지혜가 필요하다.

이 차장은 완벽하게 보고하려고 준비에 한창이다. 상사가 원하는 양식도 알고, 어떻게 보고해야 하는지 머릿속에 그림도 그렸다. 대략 7일 정도는 소요될 것이라 판단하고 준비 중이다. 그런데 갑자기 본부장이 오늘 보고하라고 하는 것이 아닌가? 현재까지 작성된 내용을 가져오라고 다그친다. 물론 이 차장 잘못은 아니지만, 부서의 분위기는 좋지 않다. 직장생활을 하다 보면 업무 기한에 맞추어 보고하는 것이 일반적이지만, 그렇지 않을 때도 적지 않다. 보고는 현 상황에서 기본적인 내용을 최대한 빨리 준비하고, 시간이 허락하는 대로 수정·보완하는 방법을 택해야 한다. 물론 정확한 기한이 결정되면 거기에 맞추어 완벽하게 보고하면 되지만, 급변하는 환경에서는 언제 자료를 찾을지 모르므로 현 상황에서 할 수 있는 만큼만 준비하고 지속적으로 수정·보완하는 방법도 생각해야 한다.

필자는 업무 일정에 보고 시기를 미리 정하고 자료를 준비한다. 물론 자료는 보고 일정보다 미리 완료된다. 상사와 보고 시간을 정하지 않고 계획했다면 필자가 생각한 시간보다 조금 빠르게 보고한다. 보고 준비를 완료하고 준비하는 기간 동안 스트레스를 줄일 수 있기 때문이다. 보고를 잘해서 능력 있는 직원으로 인정받은 임원이 있다. 보통 사람들은 중요한 내용이나 긴급한 내용이라고 생각하는 것만 보고한다. 그러나 그는 사소한 물건 전달 여부와 받는 사람의 표정까지 보고했다. 사소한 지시 사항이라도 결과를 지시한 사람이 궁금해한다는 것을 알고 보고해서 상사에게 인정받았다. 때로는 사소한 지시 사항이 매우 중요한 내용일 수도 있다.

무려 18년간 삼성전자 CEO였던 윤종용과 관련된 보고 기술 일화는 유명하다. 삼성전자의 미래 전략과 관련하여 이건희 회장이 궁금해 하고 관심을 가질 만한 사항을 최초 보고 시점에서 역산하여 미리미리 준비해서 보고했다고 한다. 오랜 기간 회장의 관심 사항, 추진 사항, 지시 사항, 보고 요구 사항 등을 메모한 내용을 분석하여 유형별, 주기별, 테마별로 데이터를 정리하다 보니 보고할 사항들을 미리미리 알 수 있었다는 것이다. 결재받는 것과 보고는 직장생활에서 가장 중요한 업무다. 원칙을 기반으로 지시 사항은 찾기 전에 먼저 보고하고, 기일이 정해지지 않았다면 원할 때 바로 보고할 수 있도록 항상 자료를 준비해 두어야 한다. 때에 따라, 감정에 따라, 상황에 따라 달라지는 여건에서 일반적인 내용은 맞지 않기 때문에 상사의 마음을 읽어 보고하는 지혜가 필요하다.

6 〈제6전략〉
독서의 기술도 전략이다

　　　　　정조는 아버지 사도세자가 뒤주에 갇혀 죽임을 당한 후 15년간 회한과 절망을 딛고 성군이 된 사람이다. 김대중 전 대통령은 죽을 고비를 다섯 번이나 넘기고, 3년간 망명 생활을 한 후 사형 선고를 받고 5년간 투옥됐다. 스티브 잡스는 한때 현실성 없는 망상가이자 회사를 도탄에 빠지게 한 주범으로 몰려 회사에서 쫓겨났다가 13년간 절치부심 끝에 복귀해서는 애플을 세계 최고의 기업으로 도약시켰다. 이들에게는 모두 길고 길었던 고통과 어둠의 시간이 있었다는 공통점이 있다. 그들이 힘든 시간을 이겨 낼 수 있게 도와준 것은 바로 책이다. 독서로 마음의 치유와 최고의 지혜를 얻었다. 독서의 목적과 효과는 사람과 상황에 따라 다르지만, 가장 큰 효능은 '치유'와 '성장'이 아닐까 싶다.

필자는 한때 내성적인 성격 때문에 쉽게 상처를 받아 정신적으로 힘든 시기를 보냈다. 내적 치유라는 4박 5일짜리 프로그램에도 참여해 보았다. 나를 되돌아보고 마음속에 응어리져 있던 것들을 쏟아 내면서 조금은 회복되었지만, 여전히 순간순간 찾아오는 불편한 마음은 쉽게 해결되지 않았다. 그러다 어느 날 『마음의 평화를 찾아서』란 책을 알게 되었다. 오래되어 이미 절판된 책이지만, 출판사에 연락해서 구입할 수 있었다. 당시는 마음이 너무 힘든 시기라 하루 만에 책을 모두 읽었는데, 필자에게 그것은 치유를 시작하는 시발점이 되어 주었다.

책에는 스트레스 해소와 마음을 정화시켜 주는 힘이 있다. 마음의 치유가 간절했던 필자는 유독 마음과 관련된 책에 눈길이 갔다. 그리고 틈나는 대로 읽었다. 필자가 마음이라는 주제로 책을 쓰는 이유도 어찌 보면 비슷한 처지의 사람들에게 도움을 주고 싶기 때문일지도 모르겠다. 『마음의 일기』에서 박민근은 독서의 진정한 의미를 이렇게 이야기한다. "책을 읽는 진짜 이유는 치유의 효과를 경험하기 위함입니다. 우리는 위대한 스승을 만나 치유의 효과를 경험하기 위해 책을 읽어야 합니다. 또한, 책 읽기는 자신의 불완전함을 깨닫는 방법입니다. 자신의 민감한 부분과 불안한 감정을 책 속의 인물들로부터 깨닫고 보충의 욕구를 얻게 됩니다."

독서의 시작은 나와의 대화이면서 아직 만나지 못한 나와 여전히 알지 못했던 나를 만나는 과정이다. 나 자신을 응원하거나 생각과 마음을 바로잡을 수 있다. 더 나아가 독서의 마무리는 타인과의 대화이기도 하다. 『논어』에 삼인행 필유아사(三人行 必有我師)라는 경구가 있다. 3명이 길을 가면 좋은 사람은 좋은 사람대로, 나쁜 사람은 나쁜 사람대로 모두 나를 깨닫게 하는 스승이라는 뜻이다. 책 속에서 스승은 언제든지 내가 원할 때 만날 수 있다. 나를 깨달음으로 인도하는 스승들의 생각과 경험, 지식과 통찰을 간접적으로 경험하면서 나의 삶과 미래를 고민해 보는 시간을 가질 수 있다. 『손자병법』이 병법서로 유명한 것은 싸우지 않고 이기는 방법을 알려 주기 때문이다. 선현들이 이미 깨달은 지혜와 지식을 알 수 있는 가장 좋은 방법인 것이다. 아인슈타인은 10대 때부터 철학을 비롯한 인문학 책을 가리지 않고 있었으며, 세계 최고의 부호인 빌 게이츠는 집 안에 1만 5,000권의 책을 보관하고 있다. 소프트 뱅크의 손정의는 젊은 시절 만성간염으로 3년 정도 병원에 입원한 적이 있는데, 이때 읽은 4,000여 권의 책에서 사업적 영감을 얻었다고 말한다. 이외에도 수많은 직장인의 롤 모델들은 대부분 독서광이었다.

필자는 필요할 때 한 권씩 구입하기보다는 평상시 읽을 책을 수첩에 메모해 두었다 20여 권씩 한꺼번에 구입한다. 서재, 안방, 거실, 침대 옆 협탁 등 책을 읽을 수 있는 곳이라면 어디든 놓아두고 아무 때나 독서를 한다. 책도 여러 종류의 다양한 책을 동시에 읽는다. 예전에는 중요한 부분은 접어서 표시해 두었는데, 이제는 볼펜으로 밑줄을 긋거나 포스트잇을 붙여 둔다. 생각을 책 여백에 메모하고 중요도에 따라 별표를 1개에서 3개까지 표시한다. 리더십, 심리학, 커뮤니케이션 같이 주제별로 베스트 3를 선정해서 동일한 책을 다섯 번 이상 읽는다. 이렇게 테마별로 분류해서 기록하면 비로소 책의 내용은 나의 지식이 된다. 대부분의 직장인이 바빠서 책 읽을 시간이 없다고 핑계를 대거나, 효과적인 독서 계획 없이 주먹구구식으로 시작했다가 10~20쪽만 읽고는 금세 포기한다. 책 구입 방법, 읽는 시간, 활용 방법 등 나에게 맞는 독서 습관을 가져 보자. 독서는 마음의 크기를 키워 주는 가장 중요한 요소다. 커뮤니케이션 기술의 바탕이 되는 어휘력 향상과 뇌 기능 활성화를 가져다 주는 독서, 간접 경험으로 지식이 늘어나면서 자신감이 생기고 인생 설계에 큰 도움이 되는 독서, 마음의 치유와 성장을 가져다 주면서 스트레스를 해결해 주는 독서는 직장인이 꼭 가져야 하는 마음 관리의 중요한 요소다.

〈제7전략〉
업무에도 잔기술이 필요하다

상사의 질문에 어떻게 대답하는가? 자신이 느끼는 바를 전달하고 있는가? 아니면 사실에 근거한 내용으로 대답하는가?

한 상사가 이렇게 물었다. "이번 신입사원 어떤가?" 그러자 A직원은 "네, 아주 좋습니다!" 하고 대답한다. 하지만 B직원은 "네, 이번 신입사원은 다른 기수의 신입사원보다 적극적인 모습을 보입니다. 얼마 전 새로운 임무를 부여하기 위해 참여자를 찾았는데, 다른 기수는 한 명 정도 자진해서 나섰다면, 이번 기수는 50% 정도가 참여 의사를 밝혔습니다. 그리고 아침 운동에도 낙오자 없이 전원 참석하며, 체력도 좋고 얼굴 표정도 밝습니다."라고 대답했다. A직원과 B직원의 차이가 느껴지는가? A직원은 자신이 느낀 것을 자신만의 해석으로 전달하는 반면, B직원은 사실에 근거한 내용을 전달한다. 판단은 상사의 몫으로 남겨둔 것이다. 상사의 입장에서는 어떤 직원의 대답을 더 원할까? 당연히 상사의 입장에서는 B직원의 사실에 근거한 답변을 더 원할 것이다. 『우울한 현대인에게 주는 번즈 박사의 충고』에서는 "느낌은 사실이 아니다. 당신의 감정이 현실을 정확하게 반영하고 있는지 늘 점검하라."고 말한다. 느낌은 개인적인 판단에 따른 주관적인 것이다. 직장에서는 사실에 기반한 판단만 존재할 뿐이다. 그러므로 상사에게 보고할 때는 사실에 기반한 내용을 설명하고, 판단은 상사가 할 수 있도록 질문에 대답을 하는 것이 좋다.

『회장님의 글쓰기』의 강원국은 17년간 직장생활을 하면서 김우중 전 대우그룹 회장과 조석래 전 효성그룹 회장 등을 보필했다. 이때 그가 터득한 직장생활의 성공 비결은 상대방의 마음을 읽는 것이라고 말한다. 말, 소통, 관계, 심리는 늘 한통속이기 때문에 업무 실력도 마음을 읽는 능력이 커져야 늘어난다고 한다. 부하의 보고와 상사의 결재는 어느 한쪽만 잘하면 되는 것이 아니다. 서로 마음을 잘 읽어야 하고, 마음 궁합을 맞추려는 배려의 마음을 서로 가질 때 가능하다.

위대한 리더들의 공통점은 리더가 되기 전에 지혜로운 참모의 경험이 있었다는 것이다. 참모의 경험을 토대로 상대방의 마음을 읽는 능력을 쌓았다고 한다. 여러 건의 결재가 있을 때, 어떤 순서대로 해야 할까? 쉽게 보고하고 넘길 수 있는 건과 어렵게 결정하거나 고민해야 하는 결재 건이 있을 것이다. 이때는 쉽게 받을 수 있는 결재를 먼저 보고하고, 깊이 고민해야 하는 결재는 마지막 순서에 받는 것이 좋다. 직장에서 결재를 받거나 보고하기 전 상사의 기분 상태를 파악하는 것도 중요하다. "본부장님 공기 어때요?" 여기서 공기는 상사의 기분 상태를 말한다. 우스갯소리로 "맑아!", "흐려!", "천둥 번개!" 등으로 답하기도 한다. 상사의 심정을 파악하는 것은 기본이다. 상사가 배고플 때나 중요한 의사 결정을 앞둔 시점에서는 결재나 보고는 피하는 것이 좋다. 외출하기 직전에 중요한 결재를 올리면 허탕치는 격이다. 다음에 보고하라고 하기 십상이다. 외출하기 1시간 전 여유 있을 때, 휴가 떠나기 전, 기분 좋은 일이 있을 때 결재를 올리면 쉽게 받을 수 있다. 정말 중요한 의사 결정이나 보고가 있을 때는 생각을 많이 해야 한다.

김 팀장은 오후 2시에 있는 사업부장회의에 참석하려고 부장이 본부로 출발했는지 확인한 후 그동안 시간이 없어서 가지 못했던 병원으로 향했다. 그런데 병원에 도착하기 전부터 부장의 전화가 끊이지 않았다. 김 팀장은 속으로 '그동안 시간이 많았는데, 왜 하필 병원에 온 시간에 전화를 하는 걸까?' 하며 투덜거렸다. 부장 입장에서는 회의 참석 전에 회의 자료와 관련된 궁금한 내용이 계속 발생한 것이다. 상사의 관심 사항은 해당 업무를 실시하기 직전에 나타난다. 평상시 회의 준비를 했음에도 잊어버리는 경우도 있고, 회의 직전에야 자세한 내용이 떠오르기도 한다. 상사가 중요한 회의나 보고를 앞두었을 때 혹시나 하는 마음으로 대기해서 상사의 궁금증을 해결해 준다면 상사에게는 참으로 고마운 직원으로 기억되지 않을까. 이것이 상사의 마음을 읽는 기술이다.

출장 중인 김 부장은 퇴근 시간이 10분 정도 지났을 무렵, 업무 때문에 박 팀장과 꼭 통화할 일이 생겼다. 김 부장은 사무실로 전화를 걸까 하다 핸드폰으로 걸어 간단히 용건만 묻고는 전화를 끊었다. 예전 상사였던 부장이 퇴근 후 사무실로 전화해서 업무를 물어보거나 핸드폰으로 전화해서 "지금 어디야?"라고 물었던 싫은 기억이 떠올랐기 때문이다. 상사는 상사대로, 부하직원은 부하직원대로 서로의 마음을 이해하고 배려하는 것도 업무의 잔기술이다. 조나단 로빈슨은 "상대방을 이해한다는 것은 무조건 의견에 동의하거나, 상대방만 옳다고 하는 것이 아니다. 그 사람의 말과 행동을 인격적으로 존중해 주라는 뜻이다. 상대방의 입장, 그 사람이 옳다고 믿고 있는 사실을 충분히 그럴 수 있다고 귀 기울이고 받아들이는 것이다."라고 말한다. 이처럼 업무의 잔기술은 상대방을 배려할 때 나올 수 있다.

8 〈제8전략〉
신뢰는 작은 인사에서 시작된다

"상무님, 새해 복 많이 받으세요!" 4개월 전 신입사원 교육을 받았던 여직원이 사내 메신저를 보냈다. 반가워서 나도 새해 인사를 전했다. 매번 신입사원 교육 때마다 교육 담당자에게 계절 인사는 꼭 하라고 말한다. 그렇게 함으로써 먼저 다가갈 수 있고 지속적인 관계도 형성할 수 있기 때문이다. 그러나 정작 새해나 명절 때 인사하는 신입사원은 드물다. 직장에서 일하다 보면 전혀 가능성이 없어 보였던 업무도 관계에 따라서 가능한 일이 되기도 하고 불가능한 일이 되기도 한다. 반대로 잘 진행되던 일도 마지막에 틀어져서 무산이 되는 경우도 허다하다. 정상적인 업무 절차에 따라 일을 진행할 때도 업무 처리를 하는 사람과의 관계 형성 및 태도에 따라 결정적인 순간에 영향을 주고받기도 한다. 직장에서 일만 잘하면 되지 않느냐고 할 수도 있지만, 평상시 어떻게 행동하느냐에 따라 나의 평판이 만들어진다. 이것은 겉으로는 잘 드러나지 않지만, 의사 결정에 중요한 영향을 미치는 요소임에 틀림없다. 상사는 직장생활을 하면서 부하직원들의 신상을 파악하여 성장할 수 있도록 도움을 주고자 노력한다. 하지만 끝까지 최선을 다할 때도 있지만 중간에 포기할 때도 많다. 무엇이 선택에 영향을 주는 것일까? 아마도 그 사람이 만들어 온 평상시 관계 관리가 많은 영향을 미칠 것이다.

회사 내 엘리베이터에 안면이 없는 직원과 함께 탈 때가 있다. 대부분 서로 멀뚱멀뚱 쳐다보거나 스마트폰만 들여다본다. 회사 내 엘리베이터이니 당연히 같은 회사 상사, 동료, 후배직원일 텐데 서로 가벼운 목례조차 하지 않는 모습을 보면 안타깝다. 그런 상황에서 밝은 표정으로 반갑게 인사하는 직원이 있다면 그 사람은 당연히 돋보이기 마련이다. 한 회사에서는 신입사원을 면접할 때 인터뷰 내용은 물론이고, 면접에 임하는 자세, 면접 대기할 때의 모습, 조금은 황당한 일이 벌어졌을 때 대처하는 모습 등을 종합적으로 평가한다고 한다. 면접에 임하는 모습은 정말 천차만별이다.

필자에게 한번은 타 부서장이 와서 이렇게 말했다. "본부장님, 이 팀장 칭찬 좀 해 주세요." 조금은 당황스러워하며 "왜요? 무슨 일 있습니까?"라고 물어보자 회사 건물 바닥을 파손한 차를 추적해서 찾아주었다는 것이다. 당사자는 당연히 해야 할 일이라고 말했다고 하지만, 요즘 당연한 일을 당연하게 하는 사람은 드물다. 아주 작고 사소한 일이지만 직장에서는 그 사소한 일에 최선을 다하는 모습이 가점이 된다. 1992년 리츠 칼튼 샌프란시스코 호텔은 미국 내 생산성과 품질이 뛰어난 기업에 주는 말콤볼드리지 대상을 받았다. 주된 공로자는 경영자도, 호텔 총지배인도, 유명 주방장도 아닌 호텔 청소부 '버지니아 아주엘라'였다. 그녀는 자신의 일에 충실한 것이 곧 고객 만족이라 생각했다. 그래서 자신만의 방식으로 모든 고객에게 인사하며, 담당 객실을 이용한 고객의 이름, 취향, 습관 등을 기억했다 다시 방문했을 때 맞춤 서비스를 제공했다고 한다. 호텔 청소부의 서비스 사례가 전 세계에 알려지면서 '청소부 한 명의 평상시 습관이 이 정도인데, 당연히 리츠 칼튼 호텔의 전체 서비스도 탁월할 것이라고 여긴 사람들이 몰려 결국 호텔 매출 상승으로 이어졌다.

연예인의 품격 있는 말이나 행동 하나로 이미지나 호감도가 상승되는 경우도 많다. 반대로 실수로 잘못 뱉은 말 한마디, 잘못된 행동으로 그동안 쌓은 이미지에 타격을 입기도 한다. 연예인뿐 아니라 정치인, 기업 총수 등 사회적으로 존경받는 사람들도 갑질 등으로 이미지에 손상을 입는 경우가 허다하다. 필자는 쌍둥이다. 한번은 같은 동아리에서 쌍둥이 동생과 활동한 적이 있는데, 필자와 친했던 친구가 나중에는 동생과 더 친한 사이가 되어 버렸다. 필자가 먼저 들어갔으나 사교성이 좋은 동생이 사람들과 더 친해진 것이다. 알고 지낸 기간이 길다고 관계가 친밀해지지는 않는다. 친밀감은 기간보다는 함께 나누는 마음의 깊이가 결정하는 것 같다. 연령, 직급, 물리적 거리를 뛰어넘어 영혼의 교류를 나눈 퇴계 이황과 고봉 기대승의 일화는 유명하다. 퇴계의 나이 58세, 고봉의 나이 32세 때 이 둘은 처음 만났다. 둘은 짧은 만남 후 1558년부터 퇴계가 세상을 뜨기까지 13년간 100통의 편지를 주고받으며 우정을 이어 나갔다. 학문에서는 성리학의 사단칠정론(四端七情論)으로 한 치 양보 없이 치열하게 논쟁했지만, 사적인 교류에서는 자신들의 약점과 치부를 허물없이 공개하면서 지냈다고 한다.

자신의 치부를 드러내며 접근할 때 대부분이 더 친근하게 느낀다. 동병상련의 심리라고 할까? 위험한 상황이나 고난을 함께 경험하면서 애정, 호감 등이 생겨나는 현상을 '현수교 효과'라고 한다. 영화 〈007 시리즈〉에서 제임스 본드와 본드 걸이 처음에는 적대 관계였다가 위기를 함께 헤쳐 나가면서 자연스럽게 연인 관계로 발전한다든지, 운전면허 학원 강사와 학생이 어려운 시절을 추억하다 결혼하는 경우가 이런 현수교 효과의 사례다. 오랜 기간 알고 있는 사람보다는 깊게 아는 것이 더 중요하다. 만나면 할 이야기로 넘쳐 나게 하자. 깊게 안다는 것은 상호 간에 신뢰(信賴)가 전제되어야 가능한 부분이다. 신뢰는 타인의 미래 행동이 자신에게 호의적이거나 최소한 악의적이지는 않을 가능성에 대한 기대와 믿음을 의미한다. 즉, 신뢰는 상대방이 어떻게 행동할 것이라는 믿음하에 상대방의 협조를 기대하는 것이라고 볼 수 있다. 10년을 같이 근무해도 어떤 직원은 깊이 있는 이야기를 하지 않는다. 결국 신뢰가 없다는 말이다.

사람들은 결정적인 순간에 저 사람이 어떤 자세를 취할지 생각해 보는 것이 인지상정이다. 최소한 호의적이지는 않더라도 악의적인 행동은 하지 않을 것이란 믿음이 전제해야 기본적인 신뢰가 형성되기 시작한다. 신뢰는 저절로 형성되는 것이 아니다. 내가 먼저 나의 치부를 드러내고 오랫동안 믿음을 가지고 사람을 대할 때 비로소 작은 신뢰가 형성된다. 그렇게 작은 신뢰가 형성되기 시작한 관계라면 그것을 성장시키려고 서로 노력해야 한다. 나를 알리는 또 다른 방법이 바로 신뢰다. 동료와 상사, 부하직원과 맺는 신뢰는 직장생활에서 업무 처리 능력 이상으로 중요할 수 있다. 핵심은 사소한 것을 놓치지 않는 것이다. 항상 밝은 미소로 인사하고 회사를 진심으로 사랑하는 애사심 등 아주 사소한 일에 최선을 다하는 것이 때로는 업무 무능력을 덮기도 한다.

〈 제9전략 〉
내 마음속에는 메모장과 펜이 있다

천재적인 미술가이자 과학자인 레오나르도 다빈치는 아이디어를 처음 구상할 때 간단한 스케치를 하고 자신의 생각을 노트에 옮겼다. 그가 남긴 '새의 비행에 관한 코덱스'는 3,000개가 넘는 단어와 500장의 스케치를 담고 있다. 그 기본 아이디어는 결국 세계 최초로 하늘을 나는 기계를 개발하는 데 영향을 주었다. 천재 음악가 베토벤은 수없이 많은 예술가에게 영감을 준 존재다. 베토벤은 악상이 떠오를 때마다 오선지에 기록했지만 그것을 다시 보지는 않는데, 바로 오선지에 악상을 기록하면서 머릿속에 새겼기 때문이다. 메모는 머릿속 아이디어를 구체화하기도 하고, 소통의 수단으로 활용될 수도 있다. 메모의 중요성은 일일이 열거하지 않아도 충분히 알 수 있을 것이다. 마음속으로만 기억하는 것보다 말을 하는 것이 더 힘이 강하고, 말을 하는 것보다 글로 쓰는 것이 더 힘이 강하다.

필자는 평상시 강의에 쓸 자료를 수집하는 것이 일상화되어 있다. 어떤 날은 아침에 머리를 감고 면도할 때 아이디어가 번뜩 떠오르는데, 나중에 막상 기록하려고 할 때는 기억이 나지 않는다. 그래서 이제는 도중에 나와서 기록하거나 중요한 단어를 계속 되새겨 나중에 기록하는 방법을 활용한다. 오늘 아침에도 운전 중에 업무와 관련된 아이디어, 책에 쓸 내용들이 떠올라 차를 멈추고 기록했다. 기록해 두고 싶은데 그럴 수 없는 상황을 많이 경험했을 것이다. 나중에 메모해야지 했다가 도저히 생각이 나지 않을 때면 답답하기 그지없다. 아무리 머리가 좋은 사람이라도 한계가 있다. 무엇인가 떠오를 때 그 순간을 놓치지 않고 메모해 두는 것은 매우 중요하다. 기록은 기억보다 강하기 때문이다.

100년의 역사를 자랑하는 제너럴일렉트릭(GE)의 잭 웰치는 메모를 잘 활용하기로 유명하다. 자주 만나지 못하지만, 격려가 필요한 모든 동료에게 간단한 메모로 자신의 생각을 잘 전달한다. 방송인 김제동은 문선대(문화선전부대)에서 군 복무 시절 신문을 보고, 스크랩을 하고, 메모하는 습관을 길렀다고 한다. 한 인터뷰에서 "제 말 중에 제가 생각해 낸 것은 30% 정도예요. 나머지는 훌륭한 분들이 남겨 놓은 말을 제가 옮긴 것뿐이죠. 기억력이 좋기보다는 메모하고 암기하는 것이 습관이 된 것뿐이에

요."라고 말했다. 심지어 고속도로 휴게실 화장실에 붙어 있는 오늘의 말씀까지 메모해서 외울 정도였다고 하니 그의 연설과 토론의 실력이 그냥 얻어진 것이 아님을 알 수 있다. 『난쟁이 피터』의 호아킴 데 포사다는 "기록은 행동을 지배한다. 글을 쓰는 것은 시신경과 운동 근육까지 동원되는 일이기에 뇌리에 더 강하게 각인된다. 결국 우리 삶을 움직이는 것은 우리의 손인 것이다. 목표를 적어 책상 앞에 붙여 두고 늘 큰 소리로 읽는 것, 그것이 바로 삶을 디자인하는 노하우다."라고 말한다.

또 『메모의 기술』을 쓴 사카토 켄지는 메모한 데이터베이스를 활용하라고 말한다. 데이터베이스를 만드는 가장 중요한 목적은 정리한 후 잊어버리기 위해서다. 현대는 정보와 지식이 생활의 필수 에너지로 작용하는 사회다. 그만큼 우리는 매일 수많은 정보와 지식을 입력하고 처리하면서 의사를 결정하고 그에 따라 행동한다. 안심하고 잊을 수 있는 기쁨을 만끽하면서 항상 머리를 창의적으로 잘 활용하는 사람이 성공에 이를 수 있다는 것이다. 필자가 메모하는 습관을 기르기 시작한 것도 바로 사카토 켄지 때문이다. 머릿속에 너무 많은 정보를 담아 두면 과부하에 걸려 언제 어떻게 사라질지 모르는 일이다. 그러나 기록하고 보관해 둔다고 생각하면 마음이 한결 편안해진다. 필요할 때 찾아보면 되기 때문이다.

필자는 초등학교 시절 글씨를 예쁘게 쓴다는 칭찬을 많이 들었는데, 그

때문에 글쓰기를 좋아하게 되었다. 직장생활을 하면서 20년이 지난 지금까지도 다이어리를 잘 쓰고 있다. 필자에게 다이어리는 삶의 역사다. 기록한다는 것만큼 중요한 것은 없다. 아내는 지난날 있었던 일이 궁금해지면 무조건 필자에게 물어본다. 모든 것을 다 기록한다는 것을 잘 알기 때문이다. 직원들은 필자의 기억력이 좋다고 말하는데, 기억력이 좋은 것이 아니라 기록을 하기에 기억을 잘하는 것이다. 상사의 지시 사항을 메모하는 일은 매우 중요하다. 지시 사항이 있을 때마다 잘 기록한다고 해도 필요할 때 중요한 사항들을 바로 찾기는 쉽지 않다. 그래서 필자는 나만의 식별 방법을 고안했다. 프랭클린 다이어리에는 보통 2~3개월 일정을 보관하는데, 속지는 매월 교체한다. 상사의 지시 사항은 히스토리 관리 차원에서 상위 상급자는 노란색, 차상위 상급자는 파란색 포스트잇으로 구분하여 작성한다. 매월 교체하는 속지와 달리 포스트잇은 항상 가지고 다니므로 언제 어떠한 일이 있었는지 바로 알 수 있고, 누락된 사항이 없는지 수시로 관리할 수 있다.

상급자의 지시 사항을 메모하는 방법은 한번 활용해 보자. 이렇게 하면 상사의 지시 사항을 연도별로 기록할 수 있고, 업무 패턴과 습관도 저절로 알게 된다. 직장생활에서 메모는 단순히 상사의 지시 사항을 기록하는 것으로 끝나지 않고, 업무와 일상의 모든 유용한 사실(Fact)과 느낌(Feel)을 기록하기에 성장의 밑바탕이 될 것이다. 또 기록하면서 자신을 돌아보고, 반성하는 시간도 가질 수 있다. 직장 동료들과 마찰이 있었을 때 사실과 감정을 구분해 보고, 요청하고 싶은 것과 사과해야 할 부분이 무엇인지 고민하고 기록해 보자. 이렇게 하다 보면 한층 성숙되고, 현명하고, 지혜로운 직장인이 되지 않을까 싶다. 요즘에는 핸드폰의 메모 기능, 에버노트 등 쉽게 기록할 수 있는 도구가 많다. 나에게 맞는 방법을 찾아서 기록해 보자. 10초 전에 생각났던 것도 잊어버리는 뇌를 의지하지 말자. 언제나 품속에 작은 메모장 하나와 펜 하나쯤은 갖고 다니자.

공감백배 마음관리기술 꿀팁 . 4
마음에도 지혜가 필요하다

필자가 인생에서 가장 중요하게 생각하고 갖고 싶은 것은 '지혜'다. 저명한 심리학 교수이자 지혜 탐구자인 유디트 글뤼크 박사는 "지혜란 타고나는 것이 아니라 삶의 다양한 경험 속에서 터득하고 배워 나가는 것이다."라고 말한다. 또 지혜는 삶을 변화시키는 결정적 사건이나 위기가 닥쳤을 때 비약적으로 발달하는데, 자신의 삶에 닥친 불가항력의 사건들 앞에서 어떤 생각, 태도, 행위를 갖는지가 지혜의 탄생을 결정짓는다고 말한다. 그렇다면 직장에서 삶의 지혜는 무엇일까?

『꾸뻬 씨의 행복 여행』에서 유명한 정신과 의사 헥터는 매일 불행하다면서 찾아오는 환자들을 만난다. 그러다 정작 자신도 행복이 무엇인지 모른다는 것을 깨닫고 세계 여행을 떠난다. 여행 중에 여러 사람과 만나면서 행복은 미래에 찾아야 하는 것이 아니라, 지금 바로 우리 곁에 있는 것임을 깨닫는다. 지금 하는 일에 집중하는 것이 가장 중요하다는 것이다. 어떤 사람은 직장에서는 집에 가서 쉴 생각을 하고, 친구와 놀 때는 해야 할 업무를 생각한다. 현재

가장 중요하다고 생각하는 것에 최선을 다하는 것이 바로 행복이다. 순간순간이 모여 일생이 된다. 일부러 행복한 일을 찾지 말고, 지금 하는 일에서 행복을 찾자. 현재 주어진 시간에 하는 일과 감각에 집중하고, 다른 생각은 멈춰야 한다.

『혼자 잘해 주고 상처받지 마라』의 유은정 정신과 전문의는 자기 마음에 드는 배우자를 만나려면 70세는 되어야 가능하다고 말한다. 그만큼 내 마음에 꼭 드는 배우자는 찾기 어렵다. 결혼한 사람들도 배우자와 모든 것이 완벽하게 맞아서 사는 것이 아니다. 서로 맞추어 가는 것이다. 필자는 신입사원에게 완벽하게 만족스러운 직장은 없다고 이야기한다. 어떻게 하는 것이 가장 좋은 방법일까? 바로 지금 있는 직장에서 행복을 찾는 것이다. 신은 인간에게 세 가지 금을 허락했다. 첫째는 황금이다. 누구나 황금을 쫓지만 결코 원하는 만큼은 가질 수 없다. 둘째는 소금이다. 소금 없이는 살 수 없기에 사슴과 나비가 흙을 핥고, 티베트인들은 히말라야를 넘는다. 셋째는 지금이다. '지금'은 누구에게나 공평하게, 그리고 끊임없이 주어진다. 하지만 과거와 미래에만 집착하는 인간들은 언제나 시간이 없다고 불평한다.

네 잎 클로버의 꽃말은 행운이고, 세 잎 클로버의 꽃말은 행복이다. 우리는 항상 네 잎 클로버만 찾으려고 한다. 옆에 있는 무수히 많은 세 잎 클로버의 의미는 모른 채 말이다. 지금 이 순간 최선을 다하고, 지금 하는 일에서 행복을 찾는 것이 우선이다. 행복한 일을 찾지 말고, 지금 하는 일에서 행복을 찾아보자. 직장생활에서도 마찬가지다. 커뮤니케이션의 중요성을 외치는 강사가 정작 자신의 직장이나 가정에서는 소통을 잘 못하거나, 회사 내에서 인사 관리 전문가인 인사부장이 얼마 안 되는 부서원의 인사 관리도 제대로 하지 못할 때가 부지기수다. 남은 인생에서 가장 젊은 날은 바로 오늘이고, 새로 시작하기 가장 좋은 날도 오늘이다. 오늘 새롭게 인생 계획서를 세워 보고 점검해 보자. 꿈이 있고 목표가 있으면 삶의 지혜가 있는 가장 행복한 인생인 셈이다.

마음 관리에서 중요한 삶의 지혜는 어려움을 빨리 극복하는 것이다. 『회복탄력성』에서 김주환 교수는 상처받은 마음의 회복탄력성을 설명하면서 그것을 누구나 발휘할 수 있는 것은 아니라고 말한다. 마치 고무공처럼 강하게 튀어 오르는 사람이 있는가 하면, 유리 공처럼 바닥에 떨어지는 즉시 산산조각 나서 부서져 버리는 사람도 있다. 또 세상에는 마음의 상처를 딛고 성공한 사람보다 실패한 사람이 훨씬 더 많다고 말한다. 그만큼 상처 입은 자신의 영혼을 다독이기가 쉽지 않음을 역설한 것이다. 그럼에도 소위 성공했다고 칭송받는 많은 사람이 열정을 갖고 불굴의 정신으로 버티면 마치 마법처럼 상처를 딛고 성공할 수 있다고 말한다.

김주환 교수와 같은 회복탄력성 대가들은 이런 과도한 낙관적 긍정성을 경계하라고 조언한다. 자칫 잘못하면 타인은 배려하지 않는 자기 중심적인 이익과 해석의 바탕 위에서 마음 상처 극복에 쉽게 매몰되기 때문이다. 나의 상처가 아픈 만큼 다른 사람의 상처도 쳐다보고 위로해 주면서 함께하는 회복탄력성이야말로 가장 부드럽고 오래가는 탄력성이다. 그러므로 나만의 상처를 회복하는 프로세스를 만들어 보자. 다리, 팔 골절에도 오랜 재활 훈련이 필요하듯 마음 회복에도 프로세스가 있다. 그러나 마음은 몸과 다르게 시간을 단축할 수 있는 기능이 있다.

심리학자이자 죽음연구가인 퀴블러 로스는 '죽음을 받아들이는 5단계' 이론을 제시한다.

1단계. 부정(Denial)

2단계. 분노(Anger)

3단계. 타협(Bargaining)

4단계. 우울(Depression)

5단계. 수용(Acceptance)

그러나 정신적인 어려움을 빨리 극복하는 방법은 중간 단계를 생략하는 것이다. 분노와 우울의 단계를 차단해서 두 단계를 생략해 보자. 저녁에 노래를 부르다 잠이 들었는데, 아침에도 계속해서 노래 가사가 입안에서 맴돈 적이 있을 것이다. 생각의 인풋이 있으면 행동의 아웃풋이 나온다. 쉽지 않지만 분노와 우울한 생각을 차단해 보자. 필자도 10년 이상 누군가를 미워한 적이 있다. 매일 그 생각만 하고 있으니 결국 피해 보는 사람은 나 자신이었다. 그러나 나쁜 생각의 인풋을 차단하니 상처의 아웃풋이 없어졌다. 꾸준한 연습이 필요하다. 그러면 몸의 회복 단계와 다르게 상처의 회복 단계를 줄일 수 있다.

어려움을 이겨 내는 또 다른 방법은 마음을 나누는 멘토를 만드는 것이다. 2015년에 개봉해서 전 세계인의 마음을 촉촉하게 만든 영화가 있다. 자수성가한 30세의 워킹맘 CEO(앤 해서웨이)와 은퇴 후 재취업 한 70세의 인턴사원(로버트 드 니로)의 이야기인 〈인턴〉이 바로 그것이다. 전반부에는 젊은 CEO의 질주하는 직업관과 과거 업무 방식에만 얽매어 있는 것 같은 늙은 인턴사원의 갈등이 주를 이룬다. 그러다 후반부로 갈수록 풍성하고 따뜻한 경륜 있는 조력자이자 멘토인 늙은 인턴사원에게서 삶의 지혜를 배운다. 상사나 선배가 멘토가 되고 부하직원이나 후배가 멘티가 되는 전통적인 관념의 멘토링이 아니라, 나 자신의 지혜에 도움이 된다면 그 누구도 멘토가 될 수 있다는 사실을 수용할 필요가 있다. 나이가 많다고 꼰대가 되는 것이 아니다. 배움을 특정 기준으로 재단하는 편견이 꼰대의 지름길이다. 즉, 직장에서 꼰대는 신입사원이 될 수도 있고 임원이 될 수도 있다. 혼자 사는 세상이 아니다. 지혜를 구하고 언제든지 도움을 청할 수 있는 인생의 멘토를 만들자. 자신의 의견을 솔직하게 표현하는 것도 마음 관리에 큰 도움이 된다. 매슬로의 욕구 5단계를 들어 본 적이 있는가? 욕구는 생리-안전-사회-존경-자아실현의 단계를 거치는데, 직장에서는 대부분 3단계 이상의 욕구 현상이 용광로처럼 섞여 있다. 한 전문가는 모든 인간을 욕구 불만 어린이로 표현했다. 욕구, 동기 부여, 열정, 이기심, 비난 등은 때로 뒤섞여 표출되기 때문에 상대방의 욕구가 진짜 무엇인지 파악하기 어려운 경우가 많다. 또 직장 내에서 욕구 표현은 동료에게 잘못 해석되기도 해서 조직 간, 개인 간 갈등으로 비화되기도 한다. 따라서 에둘러서 표현하지 말고 솔직하게 표현하는 것이 더 효과적이다.

많은 전문가가 한국인은 욕구를 세련되게 표현하는 법을 배운 적이 없다고 말한다. 한국의 욕구 문화는 자신의 욕구가 충족되지 않을 때 남 탓을 하고, 타인을 평가하고 비난하고 해석하는 형태로 자신의 욕구 불만을 우회적으로 표출하는 데 익숙하다. 상대방을 당황하게 하지 않고 배려한다는 이유로 내 욕구를 무조건 감출 필요는 없다. 거짓 없는 욕구라면 솔직히 표현하는 것이 동료를 진짜 배려하는 욕구일 수 있다. 회사는 학교가 아니다. 지금 하는 일에서 행복을 찾아보고 최선을 다하자. 힘들고 어려운 일이 있으면 오랫동안 상처에 머무르지 말고 곧바로 회복하는 회복탄력성이 필요하다. 고민을 말하고 해결에 도움을 주는 멘토를 만들고, 언제 어디서나 당당히 자신의 욕구를 정확히 표현하는 삶의 지혜를 가져 보자.

제 5 장

나는 행복한 직장에 출근한다

1 협력 : 혼자 일하지 마라

필자는 고등학교 때부터 중창단을 조직해서 활동해 왔다. 화음을 이루는 아름다운 소리에 매료되어 각종 합창단과 교회성가대에서 거의 40여 년간 활동 중이다. 한번은 남성중창단원 한 명이 미국으로 이민을 가게 되어 기념으로 음반을 제작하기로 했다. 6개월간 20여 곡을 연습했고, 실제 녹음은 1박 2일 동안 진행되었다. 6개월간 연습했으니 수월하게 녹음할 수 있을 것이라고 기대했다. 그런데 실제로는 생각처럼 쉽게 끝나지 않았다. 4개 파트의 음정, 박자는 물론 화음도 제대로 맞지 않았다. 그러다 보니 1곡을 3시간 이상 부른 적도 있었다. 중창이 끝나면 녹음된 것을 다시 들어 보고, 문제점이 발견되면 다시 녹음하기를 반복했다. 거의 지쳐 목소리가 나오지 않는 상황까지 이르렀지만, 다시 모이기 쉽지 않아서 아쉬운 대로 녹음했다. 중창은 혼자만 잘한다고 되는 것이 아니다.

서로의 소리가 잘 어우러질 때 비로소 아름다운 하모니를 만들어 낼 수 있다. 중창단에서 화음이 조화롭다는 것은 단원들과 마음이 잘 통한다는 말이다. 그만큼 팀워크가 중요한 부분을 차지한다. 자신의 소리에 집중하는 것이 아닌, 상대방의 소리에 귀 기울이는 순간 아름다운 하모니가 연출된다. 결국 조금은 부족하지만 16곡의 노래가 CD로 완성되었다. 아마추어 실력이지만, 가끔 이 CD를 듣고 있으면 그 시절 마음이 통했던 단원들이 생각난다.

영어로 'TEAM'이라는 단어는 'Together Everyone Achieves More'의 약어를 의미하기도 한다. '모든 구성원이 성과를 더 많이 내는 것'이라고 해석할 수 있다. 특히 'More'를 주의 깊게 살펴볼 필요가 있다. 즉, 팀은 개인 성과의 합보다 더 많은 성과를 만들어 내야 한다. 과거보다 현재에, 현재보다 미래에 더 많은 성과를 만들어 내야 하는 무생물이 아닌 살아 숨쉬는 듯한 유기체인 것이다. 개인의 합보다 더 많이, 현재보다는 미래에 더 큰 성과를 창출하려고 팀 내에서 구성원 간 상호 협업할 때 시너지가 발생한다. 예를 들어 A팀원이 가진 장점과 B팀원이 가진 장점을 협업한다면 1+1=2라는 수학적인 합을 넘어선 3 이상의 시너지를 낼 수 있을 것이다. 타인의 간섭을 받거나 업무 조율에 불편을 느껴 협업을 꺼리는 사람들은 대부분 혼자 일하기 좋아한다. 혼자 일하는 것은 단기적으로는 업무 성과가 있을지 모르지만, 중·장기적으로 보면 쓸데없는 일을 깊이 하는 땅굴파기식 업무를 할 가능성이 높다. 마라톤 경기에서도 다수가 무리를 지어 뛸 때 더 경쟁심이 생긴다고 한다. 반면 혼자 뛰면 기록도 단축하기 어렵고, 오히려 더 지친다. 결국 직장에서 혼자 일을 도맡아 하는 직원은 번아웃으로 이어질 가능성이 높다.

필자가 8년 전 CFP 시험을 준비할 때의 일이다. 개인적인 사정상 혼자 공부할 수밖에 없었는데, 시험 준비 중 도저히 풀리지 않는 문제가 있었다. 정답 풀이에는 중간 계산 과정을 생략해 놓아서 이틀이나 고생했다. 물론 스스로 고민하고 해결하는 과정이 학습에 도움이 되는 것은 사실이다. 그러나 효율적인 면에서는 아니다. 혼자 공부하면서 이틀 동안 풀리지 않았던 문제를 동료에게 물어보니 허탈하게도 1분 만에 해결되었다. 시험 준비를 할 때 같이 준비하는 동료가 있으면 서로 힘도 되고, 풀리지 않는 문제에도 도움을 받을 수 있다. 마찬가지로 우리 일상에서도 타인의 도움은 언제든지 필요하다. 혼자 독불장군처럼 살아갈 수 있는 세상이 아니다.

『혼자 일하지 마라』에서 키이스 페라지는 직장에서 팀워크는 단순한 업무 협력 수준이 아닌, 라이프 라인(Life-line) 관계 수준으로 해야 한다고 말한다. 인간적인 신뢰와 유대감이 일과 일상에 전반적으로 녹아든 관계가 되어야 하며, 이것은 네 가지 노력이 뒷받침될 때 가능하다고 주장한다. 네 가지 노력은 다음과 같다.

1. 관대함 : 자신과 상대방 모두에게 너그럽게 대하자.
2. 취약성 : 부끄럼 없이 내 허점을 보이자.
3. 솔직함 : 뼈아픈 진실이 나와 당신을 키운다.
4. 책임성 : 서로를 채근하는 관계에 성공이 따라온다.

사람들은 개인 성향에 따라서 일 처리 방식이 다르다. 업무가 부여되면 혼자서 여러 가지 아이디어를 생각해 보는 사람, 많은 사람과 대화하면서 아이디어를 구하는 사람, 일단 실행한 후 문제점을 찾는 사람 등 다양하다. 협업과 팀워크에서 성과를 얻으려면 먼저 구성원이 능력을 발휘할 수 있도록 조화를 이룰 수 있게 해야 한다. 야구에서 공을 잘 던지는 투수가 있다고 우승하는 것은 아니며, 공을 잘 치는 타자가 있다고 우승하는 것도 아니다. 투수와 타자가 어떻게 조화를 이루고, 팀 워크를 발휘하느냐에 따라 우승이 좌우된다.

팀워크의 조화를 이루려면 무엇보다도 무임승차가 없어야 한다. 무임승차는 영어로 '프리 라이더(Free Rider)'다. 팀워크에서 무임승차는 가장 큰 독소다. '무임승차'는 독일 심리학자 링겔만이 밝혀낸 심리 현상으로 집단에 참여하는 개인이 늘어날수록 성과에 대한 1인당 공헌도는 오히려 떨어진다는 것이다. 줄다리기 실험을 한 결과 2명이 참여한 팀은 1인당 에너지가 93%였고, 3명이 참여한 팀은 1인당 에너지가 85%, 그리고 8명이 참여한 팀은 1인당 에너지가 겨우 49%밖에는 되지 않았다. 바로 팀워크에서 무임승차의 폐해를 단적으로 보여 주는 실험 결과다. 리더는 이런 무임승차의 누수를 막아야 한다. 문제는 무임승차에 대한 판단이 주관적이어서 대부분의 직장인이 자신은 결코 무임승차 자가 아니라고 생각한다. 오히려 다른 동료를 무임승차 자로 생각하여 오히려 자신이 피해를 본다고 여기는 경향이 있다. 따라서 팀워크에서 중요한 것은 일의 분배다. 사람들은 각자 가진 달란트가 다르기 때문에 그 사람이 잘하는 특기를 살려서 성과를 낼 수 있는 업무를 부여하는 것이 무엇보다 중요하다.

팀워크를 잘 이루려면 직원 각자의 능력과 업무 처리 스타일을 서로 공유하면 좋다. 버크만 진단에서 조직 지향점(자신에게 가장 적합한 근무 환경과 개인의 업무 방식을 보여주는 자료)을 분석한 적이 있다. 업무를 생각으로, 프로세스로, 행동으로, 다양한 의견 수렴 등으로 우선순위를 정해서 처리한다. 서로의 능력을 공유하고, 각자의 장단점을 서로 알고 보완하여 일을 처리한다면 혼자 할 때보다 팀워크로 처리할 때 더욱 효율적으로 일이 진행될 것이다. 혼자만 일을 잘하면 결국 일이 많아진다. 팀워크를 활용한 일의 분배를 잘 활용하여 과중한 업무에서 벗어나자.

2 마음 : 마음을 읽는 기술은 따로 있다

직장에서 업무를 수행하다 보면 수없이 많은 말이 오간다. 이때 주고받는 대화의 의미가 상대방에게 정확하게 전달되고 있는지 한 번쯤 점검해 봐야 한다. 직장뿐만 아니라 일상생활에서도 다양한 대화를 나누다 보면 의미를 제대로 전달하기 어려운 경우가 비일비재하다. 대리점 대표의 요구를 듣던 한 사업부장이 "대표님 입장은 충분히 이해합니다. 그러나 이 문제는 해결이 쉽지 않겠습니다."라며 입장을 밝히자 "네, 알겠습니다."라고 말하며 대리점 대표는 자리를 떴다. 이 상황을 두고 지켜보던 팀장, 과장, 대리의 해석이 각자 달랐다. 팀장은 대리점 대표가 엄청 화가 났지만 참고 돌아갔다며, 곧 무슨 일이 벌어질 것 같다고 걱정했다. 하지만 과장은 팀장과 의견이 달랐다. 더 이상 사업부장과 논쟁하기가 싫어서 후퇴했다는 것이다. 그리고 대리는 대리점 대표가 사업부장이 한 말에 순응했으니 아무런 문제가 되지 않는다고 해석했다.

　이처럼 "네, 알겠습니다."라는 똑같은 말에도 다양한 의미와 해석이 존재한다. 과연 그들은 어떤 근거로 이렇게 해석했는지 살펴보자. 팀장은 대리점 대표의 표정, 목소리, 억양, 주고받은 대화의 내용을 분석해서 추론한 결과다. 과장은 대리점 대표의 얼굴 표정만 보고 추측한 결과고, 대리는 단순히 언어가 주는 의미만 해석하여 추론한 결과다. 대화에서는 언어적 요소도 중요하지만, 비언어적 요소가 더욱 중요하다. 그렇다면 누가 대리점 대표의 마음을 정확히 읽은 것일까? 이것저것 살펴보고 본심을 읽으려고 한 팀장이 대리점 대표의 마음을 제대로 이해하지 않았을까 싶다. 상대방의 마음을 읽고 들어 주는 것만으로도 내가 원하는 것을 얻을 수 있다.

　보험회사에서는 매월 영업사원을 모집한다. 일명 리크루팅이라고 하는 영업사원 모집은 지점장의 사전 면담을 거쳐 최종적으로 사업부장과 면담한다. 사업부장 면담의 최종 목적은 아직 입사에 대한 선택이 미흡한 후보자의 마음에 확신을 심어 입사를 해야겠다는 심적 결정을 할 수 있도록 하는 것이다. 필자가 사업부장으로 재임하고 있을 때의 일이다. 보통은 보험설계사의 일에 대한 가치와 중요성을 주제로 1시간 정도 면담을 한다. 어느 날 자녀가 군대에 입대한 지 얼마 되지 않은 입사 후보자와 면담을 진행했다. 군대에 보낸 어머니의 심정을 헤아려 군대에서 어떤 훈련을 받는지 등 이야기해 주면서 너무 걱정하지 말라며 위로했다. 그렇게 1시간 가량의 면담이 끝났다. 보통은 사업부장의 면담이 끝나도 입교하지 않는 경우가 많은데, 이분은 면담이 끝나자마자 흔쾌히 일을 하겠다고 결정했다. 자신의 마음을 잘 헤아려 주는 필자에게 믿음이 생긴 것이 결정적인 이유였다. 이처럼 상대의 마음을 읽고 진심으로 마음을 이해해 주면 내가 원하는 것을 얻을 수 있다.

필 잭슨의 『일레븐 링즈』에서 김위찬은 '훌륭한 리더는 들리지 않는 소리를 들을 줄 아는 사람'이라고 말한다. 들리지 않는 소리를 들을 줄 아는 사람이 되려면 어떻게 해야 할까? 방법은 간단하다. 상대방의 마음을 읽어 주는 노력을 하되 내가 아닌 상대방의 입장에 설 때 비로소 들리지 않던 것이 들린다. 바로 '공감'하라는 것이다. '내가 저 사람의 입장이라면 어떻게 했을까?' 하는 마음으로 스스로에게 진정성 있는 질문을 던져 보는 것이다. 그래야 상대방의 마음이 보이기 시작한다. 또 충분히 들어 주는 것만으로도 자신이 원하는 것을 얻을 수 있다. 우리는 은연중에 듣는 사람을 배려하지 않고 자기중심적으로 이야기한다. 이런 심리를 『어른은 겁이 많다』에서 손씨는 이렇게 비꼰다. "지켜 준다면서 구속하는 것, 감싸 준다면서 가르치는 것, 이해한다면서 설득하는 것, 생각한다면서 잠수 타는 것, 이것들이 전부 날 위해서라고 하지만 널 위해서잖아." 결국 다른 사람을 위하는 척하지만, 모두 자기중심적이다. 상대방의 입장에서 먼저 생각하는 '역지사지'와 자기중심으로 이기적으로 해석하는 '아전인 수(戒田引水)'는 정반대 뜻이지만, 실제 사람들의 말과 행동에서 이 두 가지는 뒤섞여 있는 경우가 많다. 자신은 상대방을 배려하는 사람이라고 떠벌리는 사람일수록 사실은 이기적인 경우가 많고, 포장된 자신을 계산적으로 알린다. 진심 어린 마음으로 이야기해도 듣는 사람이 왜곡해서 받아들이는 경우도 있기 때문에 상대방의 본심을 먼저 파악하고 지혜롭게 해석하는 것은 직장인의 마음 관리에서 매우 중요하다.

우리나라 사람들은 자신의 욕구를 숨기는 것이 예의라고 생각하는 것 같다. 생신을 맞이한 어머니에게 생일 선물로 갖고 싶은 것을 여쭤보면, 대부분은 "뭘 그런 것을 다 챙기냐? 갖고 싶은 것 없어!"라고 말한다. 정말 받고 싶은 선물이 없는 것일까? 어쩌면 속으로 '그냥 알아서 해주지. 뭘 일일이 물어봐' 하고 생각하실지도 모르겠다. 아마도 어려서부터 참아야 하고, 배려해야 하는 것을 강요받았기에 자신이 원하는 것을 당당히 표현하지 못하는 것이 아닐까. 평소 어머니의 성향과 내면의 욕구를 잘 살폈다면 만족할 만한 선물을 준비할 수 있겠지만, '괜찮다'는 말만 믿고 아무것도 준비하지 않았다면 실망감이 이만저만하지 않을 것이다. 아마도 본심을 몰라주는 자식에게 서운한 마음이 생길지도 모른다.

직장생활에서도 상사의 말에 집중하지 않고 의도를 파악하지 못하면, 그 권위에 맹종하여 상당히 비상식적이고 비효율적인 방법으로 일하기 쉽다. 의도를 파악하기 어렵다면 중간중간 다시 정확하게 물어봐야 한다. 중간에 물어본다고 질책하는 상사는 없을 것이다. 또 결정적인 순간에 진심을 파악하는 것도 중요하다. 사람의 마음을 이해하는 것만큼 어려운 일도 없다. 마음을 읽어 내는 기본은 그 사람의 스타일, 대화 전후의 상황들을 파악하는 것이다. 자신이 도저히 알 수 없을 때 다른 사람에게 도움을 청하는 것도 한 방법이다. 상대방의 본심이 무엇인지 살피는 세심함이 관계를 돈독하게 만든다. 상대방의 마음을 읽는 중요한 기술은 상대방의 성향과 내면의 욕구를 파악하는 것이다.

3 업무 : 최고의 전략가가 되어라

프로야구에 조금이라도 관심이 있다면 불멸의 4할 타자 백인천 감독을 기억할 것이다. 혈혈단신 일본으로 건너가 타격왕에 오르고, 한국 프로야구 출범 첫해에는 전무후무한 4할 타율을 기록한 선수다. 『백인천의 노력자애』에서 그는 "무슨 일이든 목표를 달성하려면 그 일을 좋아해야 하고, 미쳐야 하고, 중독자가 되어야 한다고 생각합니다. 저는 야구에 중독되어 살아왔습니다. 야구에는 많은 인내심과 피나는 노력이 필요합니다. 목표를 세운 뒤 결과를 이루기 위해 외롭고 고독한 싸움을 자기 자신과 해야 합니다. 그리고 통쾌한 안타와 홈런을 치는 순간 야구 중독자만이 맛볼 수 있는 쾌감을 느낄 수 있습니다. 기록은 깨지기 마련이라고 하지만, 타율 4할의 내 기록은 깨기 힘들 것입니다. 그러나 나처럼 목숨 걸고 하는 더 독한 놈이 나온다면 깨질 것입니다."라고 말한다. 한마디로 프로가 되려면 '불광불급(不狂不及, 미쳐야 미친다)'해야 한다는 것이다.

레알 마드리드의 호날두는 메시와 더불어 세계 최고의 현역 축구 선수로 꼽힌다. 일반인들은 그의 외모와 튀는 행보를 보면서 천재라는 수식어를 붙이기도 한다. 그러나 호날두는 피나는 노력형에 더 가까운 선수다. 포르투갈 마데이라 제도의 푼샬에서 태어난 호날두는 12살에 축구 선수가 되었으나, 집안이 가난하여 축구로 대성할 재목으로 인정받지 못했다. 주위 동료들에게 업신여김을 당하며, 피눈물 나는 노력 끝에 영국 명문 맨체스터 유나이티드에 입단했다. 이후 스페인 레알 마드리드로 이적했는데, 당시 1,700억 원이라는 엄청난 이적료를 받았다. 이미 세계 최고인 그는 지금도 아침 일찍 훈련장에 갔다 가장 나중에 떠날 정도로 연습광이다. 집에 도착해서도 수영과 근력 운동으로 프로다운 자기 관리를 하며, 최상의 컨디션을 유지하려고 오후 11시 이후에는 절대 외출하지 않는다.

천재란 수식어는 눈에 보이지 않는 피나는 노력의 결과인 것이다. 올림픽 같은 세계 무대에서 최상위 선수들은 한결같이 피나는 노력으로 목표를 달성했다. 프로는 목표와 기술이 전부다. 기술은 고통을 참는 노력의 결과라고 볼 수 있다. 고려대 환경생태공학부 강병화 교수는 17년간 전국을 돌아다니며 채집한 야생 들풀 4,439종의 씨앗을 모아 종자은행을 세웠다. 그가 강연 중에 한 "엄밀한 의미에서 잡초는 없습니다. 밀밭에 벼가 나면 잡초가 되고 보리밭에 밀이 나면 또한 잡초입니다. 상황에 따라 잡초가 되는 것이지요. 사람도 같습니다. 꼭 필요한 곳, 있어야 할 곳에 있으면 귀하고, 뻗어야 할 자리가 아닌데 다리를 뻗으면 잡초가 된답니다."라는 말은 유명하다. 좋아하지 않은 일을 익숙하게 해낸다고 자신의 전문 분야라고 착각하면 결국에는 조직의 잡초가 될 가능성이 높다. 좋아하는 일을 찾아야 하고, 지금 하는 일에 흥미를 갖고 좋아해야 한다. 그렇지 않다면 지금 당장 좋아하는 일을 찾거나 좋아하는 일을 만들어야 한다.

한 분야에 정통한 사람을 스페셜리스트(Specialist)라고 한다. 또 여러 멀티태스킹에 능한 사람을 제너럴리스트(Generalist)라고 한다. 특색 없이 여러 분야나 업무에 걸쳐 일을 하는 것보다는 하나라도 똑 부러지게 하는 편이 더 낫다. 그래서 스페셜리스트에 가산점을 주는 사람이 좀 더 많지만, 정답은 없다. 스페셜한 제너럴리스트가 되거나 제너럴한 스페셜리스트가 되어야 한다.

필자는 대학에서 건축을 전공했지만, 손해보험회사에 입사했다. 건축전공과 관련된 위험관리부서에 배치된 후 보험연수원에서 손해보험 강의를 들었다. 담당 업무가 주로 화재보험이다 보니 화재보험을 집중적으로 공부했다. 필자가 수행해야 하는 업무이기에 정확히 알고 싶은 마음에 회사에 요청하여 화재보험협회 연수를 4개월 정도 받았다.

그리고 보험연수원 화재보험 중급 과정까지 수료했다. 내가 맡은 업무는 철저히 알아야 한다는 소신 때문이다. 현재의 직무인 교육에 관심을 갖게 된 것은 사내강사 양성 과정을 받을 때다. 나도 언젠가 '강의 기법'을 강의하고 싶다는 마음을 먹은 후 준비를 시작했다. 당시는 주로 외부에서 강사를 초빙했기 때문에 필자에게는 강의할 기회조차 없었다. 그럼에도 계속 교안을 만들어 집에서 강의를 시연했다. 녹음해서 말버릇을 찾아내고, 아내에게 시범을 보이면서 피드백도 받았다. 그러다 외부강사에게 사정이 생겨 강의를 하지 못하는 상황이 발생했다. 급하게 필자에게 연락이 왔고, 이후 해당 강의는 필자가 도맡아서 하고 있다. 비록 명강의는 아닐지 몰라도 교육 전문가로 인정은 받고 있다.

어쩔 수 없이 업무를 하는 사람도 많겠지만, 대개는 자신이 선택하고 좋아해서 하는 업무일 것이다. 그렇다면 지금 내가 맡은 업무에 전문가가 되어야 한다. 의대를 가면 맨 처음에는 공통 내용을 공부하지만, 후에 전문 분야를 선택하듯 회사에서도 전문 분야를 정하여 프로가 되어야 한다. 농악과 차별화되는 사물놀이를 만들어 전 세계에 알린 김덕수는 다섯 살 때 처음 남사당패 일원이 된 이래 꽹과리, 징, 장구, 북을 맹렬하게 연습하여 결국 신의 경지에 이르렀다. 또 국가대표급 셰프인 최현석은 노력형 인간이다. 고졸 출신인 그는 11년간 한 음식점에서 주방보조로 근무하면서 자신만의 요리법과 고객 입맛을 연구하고 실험했다. 주방보조 시절에 엄청난 수모와 멸시를 받았지만 이겨 내어 자신의 꿈을 이루었다. 그는 "명예는 결국 실력 앞에 무릎 꿇는다."라고 말한다. 이들의 공통점은 최고의 프로가 되겠다는 목표하에 고통을 참아 내며 노력했다는 것이 아니다. 어떤 방법으로든 일을 즐겼다는 것이다. 직장에서도 업무에 프로 근성이 있어야 한다. 내가 하는 업무에 정통해야 한다. 자기가 하는 일에 프로가 될 수도 있고, 포로가 될 수도 있다. 현재 하고 있는 일을 즐기면서 피나는 노력까지 더하면 프로가 되지만, 즐길 줄 모르면서 최선을 다하는 사람은 포로가 되기 쉽다.

4 능력 : 내가 할 수 있는 한계를 생각하라

필자는 중학교 때부터 교회에서 찬양대원으로 활동했다. 교인이 200여 명밖에 안 되는 작은 교회에서 지휘자가 공석일 때는 잠시 그 자리를 메우기도 했다. 딱히 음악 전공자도 없었고, 교인들과 다들 편하게 지내는 사이라 몇 해 동안 지휘를 맡아 운영하는 것에 어려움이 없었다. 몇 년 후 개인 사정으로 큰 교회로 옮기게 되었다. 마침 그곳에서도 지휘자가 공석일 때 지휘를 맡게 되었다. 하지만 맡은 지 한 달 만에 그만두었다. 이번에는 각 파트별 전공자도 있고, 지휘 경력이 있는 분도 있어서인지 잘못하면 어쩌나 하는 생각에 매주 연습하는 것이 두려웠다. 당시 슬기롭게 그만두어야 했는데, 아무 말 없이 도망치듯이 그만두어서 아쉬움으로 남아 있다. 나에게 맞는 옷을 입으면 활개를 치며 다닐 수 있지만,

왠지 맞지 않는 옷을 입으면 부담스럽고 불편하다. 자신의 능력을 정확히 파악하는 것도 중요하다. 물론 자신에게 맞지 않는 일이라고 무조건 도전하지 말라는 말이 아니다. 건강의 수치도 정상 범위 내에 있어야 하고, 운동 종류나 운동량도 내 몸에 맞아야 한다. 너무 무리하게 몸을 혹사시키다 선수 생명이 단축된 운동선수라든지, 과도한 다이어트로 극심한 요요 현상을 겪으면서 우울증에 걸린 사례를 종종 보게 된다. 다이어트와 스포츠 트레이닝에서 대중적 인지도가 높은 숀리는 "몸은 학대하면 언젠가 주인에게 복수한다."라고 말한다.

2016년에 퇴행성 관절염으로 병원을 찾은 환자가 약 380만 명 정도인데, 이것은 2011년에 비해 13% 증가한 수치다. 특이한 점은 40대 미만 젊은 환자들의 증가율이 높다는 것이다. 노인성 질환의 대표격인 퇴행성 관절염이 이렇게 젊은 층에서 많이 발병하는 이유는 자신의 체력과 맞지 않는 무리한 운동 때문이다. 이외에도 잘못된 운동으로 젊은 층에서 나타나는 질병으로 파워워킹으로 인한 족저근막염, 구기 운동으로 인한 박리성 골연골염, 어깨관절 질환 등이 있다. 건강한 몸을 만들려고 시작한 운동인데 노년이 되기도 전에 몸을 망치는 운동이 되어 버린 아이러니한 현상이다. 직장생활의 업무도 이치가 같다. 능력을 인정받으려고 무리하게 일한 것이 오히려 개념 없이 일하는 직원으로 찍히고, 더 큰 성취감을 얻으려고 한 노력이 조직에 별 도움이 되지 않아 좌절감만 얻는 경우도 있다. 결국 직장생활의 업무도 자신을 학대하면 주인에게 복수하는 것은 똑같다.

　최 팀장은 자진해서 중요한 업무를 맡겠다고 나섰다. 김 부장은 반신반의했지만 워낙 최 팀장이 강하게 자신감을 드러내서 일단 맡겼다. 김 부장도 처음 맡은 업무라 진행 사항을 모르는 상황이기에 정확하게 중간 점검을 하지 못했다. 하지만 중간 점검회의를 진행하면서 치명적인 실수를 발견했다. 자신의 역량을 파악하지 못한 채 하고 싶다는 의욕만 앞세워 일을 그르친 것이다. 필자는 영업교육부장 시절 CFP시험 공부와 골프를 동시에 시작했다. 그런데 두 가지 목표를 한꺼번에 달성하려다 보니 몸에 무리가 왔다.

　샐러리맨이었다가 500만 원으로 창업하여 30년 만에 '세계경영'의 신화를 이룬 대우그룹 김우중 전 회장을 생각해 보자. IMF를 맞이해서 구조조정과 속도 조절을 요구했던 주변의 목소리를 무시하고 쌍용자동차 등을 무리하게 인수하다 결국 대우그룹은 부도가 났다. 무리한 의욕만 줄였더라도 지금의 삼성, 현대, LG 수준의 글로벌 기업이 되었을지도 모른다. 능력에 맞는 기한 설정도 아주 중요하다. 프로젝트는 대개 일정을 정해 놓고 마지막에 집중한다. 작업 기한을 정할 때는 만약을 대비한 여유 시간이 있는지 검토하고, 자신의 능력도 고려해야 한다. 2017년 취업포털사이트 잡코리아에서 실시한 설문조사에 따르면, 한국 직장인의 83.1%가 업무에서 오버 페이스를 함으로써 일에 실패한 경험이 있다고 한다. 2016년 업무상

질병으로 사망한 직장인은 총 808명인데, 열악한 근무 조건이나 구조적으로 과도한 업무량 등이 원인이기도 하지만 일과 삶의 균형을 잡지 못하고 일 중독에 빠졌다가 과로사한 경우도 있다. 무리한 욕심으로 스스로를 학대하는 업무를 벗어나기 위해 일과 삶의 균형을 찾자는 '워라밸'이라는 용어가 새로 등장했다. 일단 업무에 대한 스스로의 일과 일상이 균형을 이루고 있는지 중간 점검이 우선이다. "성공으로 가는 엘리베이터는 작동하지 않는다. 그러나 계단은 항상 열려 있다."라고 한 지그 지글러의 말은 중간 점검의 중요성을 일깨워 준다. 일을 시작하면 성과는 엘리베이터처럼 수직 상승하는 것이 아니라, 상승과 정체가 반복하기에 발걸음을 내디뎌야 상승이 가능하다는 것이다. 마치 계단을 오르는 것처럼 말이다. 직장인의 개인 업무에서도 무리하게 일하는 것이 오히려 일을 그르칠 때가 많다. 일은 많이 한다고 좋은 것이 아니다. 잘하는 것이 중요하다. 자신에게 맞는 업무를 선택하고, 기한을 정하는 것이 바로 마음 관리 기술이다.

5 경청 : 헛수고를 하지 않는 비법은 따로 있다

"오늘 회의에서 본부장님 말씀은 곧바로 실시하라는 것입니다."
"아닙니다. 그동안 저희들이 업무를 제대로 하지 못해서 꾸중하신 것입니다. 곧바로 하면 안 됩니다."

이것은 본부장님 주재로 회의한 후 부장들끼리 주고받은 대화다. 직장에서는 가끔 상사의 명확한 지시가 아닐 때 이런 일이 발생한다. 그러나 명확히 지시했음에도 잘못 알아들을 때가 있다. 커뮤니케이션은 상대적이다. 아무리 명확하게 이야기해도 듣는 사람이 해석을 달리하거나 잠시 다른 생각을 하느라 제대로 듣지 못한 경우 정확하게 의미가 전달되지 않는다. 반대로 경청하는 자세로 듣고 있어도 말하는 사람이 정확히 설명하지 않거나 이쯤 하면 알아듣겠지 싶어 두루뭉술하게 이야기해도 역시나 정확하게 의미가 전달되지 않을 것이다. SNS에서는 종종 다음 우스갯소리를 볼 수 있다.

- We Can Do It! (우린 할 수 있어!)
    → Weekend Do It! (주말에 나와서 일해!)
- Dream Is Now Here (꿈은 바로 여기에 있다.)
    → Dream Is No Where (꿈은 어디에도 없다.)
- 지금 학교가 (서울 : 지금 학교 가고 있니?, 경상도 : 지금 학교에 있니?)

이처럼 같은 단어라도 발음 하나, 억양 하나에 따라 의미가 완전히 달라진다. 어쩌면 커뮤니케이션은 그만큼 조심스럽고 어려운 것이 아닌가 싶다. 원하는 바가 있을 때 그것을 직설적으로 표현하는 사람이 있는가 하면, 에둘러서 표현하는 사람도 있다. 직설적으로 표현하면 상대방이 상처를 받을 수 있고, 에둘러서 표현하면 상대방이 의도를 명확히 알아듣지 못하게 된다. 다음 상황을 살펴보자.

상사 김 팀장은 오늘 얼굴색 좋네.
  (다른 직원들은 야근해서 찌들어 있는데 넌 잘 쉬었나 보군.)
김과장 아 네, 이사님. 제가 요새 그런 말 좀 듣습니다.

	(운동의 효과를 제대로 보고 있군.)
상사	비결이 뭐야?(밑에 직원들은 만날 일만 시키고 너는 팽팽 놀지?)
김과장	네, 제가 요새 운동 좀 하고 있습니다.
	(부러우면 이사님도 운동하세요.)

　자신의 의도를 숨기고 대화를 이어 간다면 상대방은 어떤 의도로 이야기하는지 도저히 알 수 없다. 이런 대화법은 조직의 성과를 저해하는 요소가 될 수 있다. 조직에서는 적절한 단어와 올바른 표현으로 의도한 바를 정확히 전달하려고 노력해야 한다. 취업포털사이트 잡코리아는 2017년 5월 직장인을 대상으로 설문조사를 실시했다. 상사(부하)와 갈등을 일으킨 경험이 있냐는 질문에 95.8%가 '있다'고 대답했다. 그 원인으로 '의중을 알 수 없는 일관성 없는 지시'가 64.5%로 압도적이었다. 반대로 상사는 '말귀를 못 알아듣는 부하직원 때문에 갈등이 있었다'는 답변이 62%로 역시 높았다. 화성에서 온 남자, 금성에서 온 여자만큼이나 직장에서 커뮤니케이션이 어렵다는 것을 말해 주는 설문 결과다. 직장생활에서 커뮤니케이션 오류는 일상생활로 이어질 수 있다.

　한번은 아내와 약속 장소를 정하면서 커뮤니케이션을 잘못하는 바람에 문제가 생겼다. 전화로 "우리 저번에 맛있게 먹었던 그 집 알지? 거기서 만나."라고 말하자 아내도 "아 그 집! 알았어요."라고 대답했다. 그 집이 어딘지 확실하게 말하지 않아도 알 것이라고 생각한 것이다. 그런데 약속

시간이 20분이나 지났는데도 아내의 모습은 보이지 않았다. 순간 약속 장소에 오류가 생겼다는 것을 깨달았다. 전화를 걸어 어디인지 물었더니 역시나 내가 생각한 그 집이 아니었다. 서로를 너무나 잘 안다고 확신한 나머지 생긴 일이다. 이처럼 상대방의 말이 불확실하고 애매할 때는 정확히 파악하려는 자세가 필요하다. 아내가 "맛있게 먹었던 집이 많은데, 어느 가게를 말하는 거예요?"라고 물어보았더라면 약속 장소가 엇갈리지는 않았을 것이다.

필자가 ROTC 2년 차 전방 체험 훈련 중 일어난 일이다. 군사령부에서 포병 화력 시험 관람대를 만드는 공사가 있었다. 1개월여 동안 공병대와 군장병들이 고생한 끝에 드디어 관람대가 완성되었다. 그런데 군사령관의 최종 점검이 있는 날 청천벽력과도 같은 일이 벌어졌다. 고생하여 만든 관람대를 다른 곳으로 옮기라고 한 것이다. 사단장과 참모들 간에 의사 전달이 잘못되어 벌어진 일이다. 잘못된 의사 전달과 경청이 1개월여 동안의 수고를 한순간 물거품으로 만들어 버린 것이다.

직장에서도 업무 지시를 잘못 알아듣고 낭패를 본 경험이 한두 번은 있을 것이다. 업무 지시가 불분명할 때 지시를 받은 직원은 다시 되묻는 자세가 필요하다. 자신이 알아들은 바가 맞는지 확인하는 과정이자 상사에게 확실히 알아들었다고 표현하는 것이기도 하다. 업무 지시를 정확히 파악하지 못하고 열심히 하는 것은 쓸데없는 일, 하지 않아도 되는 일이 되고 만다. 운전하느라 쓴 기름 값, 소모된 체력은 어느 누구도 보상해 주지 않는다. 타고난 찰떡궁합의 상사와 부하직원은 없다. 동료 관계도 마찬가지다. 부하는 상사의 말에 정성을 다해서 집중해야 하고, 상사는 부하직원의 숨어 있는 고충까지 살펴서 업무를 지시해야 한다. 설령 잘못 알아듣고 부하직원이 실수했다고 하더라도 한두 번쯤은 포용해 줄 수 있는 너그러움이 필요하다. 프랑스인은 대화할 때 습관적으로 '당신 말도 맞다. 그러나 내 생각은……'이라고 말한다. 사오정처럼 지시 사항을 완전히 엉뚱하게 해석하여 일을 그르쳤다 하더라도, '자네를 많이 믿었는데, 아쉽네' 정도로만 질책해도 충분히 부하직원은 알아듣는다. 그리고 다음에는 정확히 경청하고자 노력할 것이다. 경청은 말하는 사람의 내용은 물론 정서, 감정을 반영하여 말속에 있는 긍정적인 의도까지 듣고 표현하는 것이다. 비언어적 의도를 파악하고, 나의 경험에 비추어 생각하지 않는다. "다른 사람의 말을 신중하게 듣는 습관을 길러라. 그리고 가능한 한 말하는 사람의 마음속으로 빠져들도록 하라."라고 로마의 황제 마르크스 아우렐리우스는 말했다.

6 자세 : 출근 10분 전, 생각 정리의 기술

2008년 베이징올림픽 수영경기장에서 헤드폰을 착용하고 음악을 듣던 박태환 선수의 모습을 기억할 것이다. 한 방송국 인터뷰에서 박태환 선수는 경기 전 경쾌한 음악을 들으면 심리적 안정감을 유지하고 불안감을 해소할 수 있다고 말했다. 선수촌에 머무르는 동안에도 계속 음악을 듣는다고 한다. 수많은 관중의 이목이 집중된 순간의 중압감과 경기 결과를 예측할 수 없는 상황에서 평정심을 유지하는 자신만의 방법을 찾아낸 것이다. 그는 "마음을 읽으면 해결 방법이 보인다."라고 했다. 필자도 강의가 있는 날이면 마음을 편하게 하는 음악을 들으면서 준비를 한다. 음악을 듣다 보면 마음이 편해져 차분히 강의에 전념할 수 있게 된다. 본격적인 강의에 앞서 마음을 편하게 하는 일은 강의에 몰입할 수 있도록 돕는 마중물 같은 역할을 한다. 직장생활에서 본격적으로 업무에 임하기 전에 평정심을 유지하고, 업무에 몰입할 수 있는 마음을 준비하는 일은 필요하다.

서른 살쯤 필자의 큰형이 심한 감기에 걸려 병원에 입원을 했다. 정밀 검사를 받다 만성 신부전증이라는 것을 발견했다. 일주일에 3회 이상 혈액 투석을 받든지 신장 이식 수술을 해야 했다. 형이 혈액 투석을 시작한 지 일주일쯤 지나서 한 30대 중반 여성이 투석 중 사망하는 일이 발생했다. 그 일을 계기로 만성 신부전증에 대해 알아보다 얼마나 무서운 병인지 알게 되었다. 필자는 곧바로 조직 검사를 해서 큰형에게 신장 이식을 하기로 마음먹었다. 지금이야 의료 기술이 발달하여 쉽게 수술할 수 있지만, 25년 전에는 그렇지 않았다. 초음파 검사도 처음이고, 혈관을 통해 심장까지 관을 넣어서 검사하는 과정도 설명 없이 진행했다. 4명이 한 조로 검사를 받았는데, 하필이면 필자가 맨 처음 검사를 받게 되었다. 처음 받아 본 복부 초음파였지만 별로 힘들지는 않았다. 그런데 이어서 한 혈관에 주사액을 넣고 반응을 지켜보는 검사를 한 후에는 거의 기어서 나왔다. 필자 이후에 검사하는 사람들은 어땠을까? 필자의 설명과 모습을 봐서 비교적 어려움 없이 검사를 마쳤다고 한다. 아무리 힘들고 고통스런 검사라도 두려움에 대비한 사람은 그렇지 않은 사람보다 쉽게 견딜 수 있었던 것이다. 그렇게 조직 검사가 끝나고 다행히 필자는 큰형에게 신장을 이식해 줄 수 있었다.

월요병은 월요일마다 육체적, 정신적 피로를 느끼는 증상을 말한다. 휴일에는 장거리 여행이나 음주, 영화 감상 등 평소보다 늦은 시간까지 활동하는 경우가 많아 평상시 생활 리듬이 쉽게 깨진다. 그래서 월요일 현업에 복귀했을 때 육체적 피로를 느끼게 되고, 매일 되풀이 되는 지루한 일상과 지나친 스트레스, 업무 중압감이 더해져 정신적 피로까지 온다. 월요병을 이겨 내는 방법은 어쩌면 아주 쉬울 수도 있다. 일요일 저녁 잠시 다음 주 해야 할 업무 계획을 세워 보는 것이다. 그것만으로도 이겨 낼 수 있다. 뭐니 뭐니 해도 마음의 준비가 최고다.

출근하기 전 또는 업무 시작 전 10분! 짧은 시간이지만 업무에 몰입하는 데 매우 중요한 시간이다. "10분을 잘 활용하십시오. 10분이 당신을 성공으로 이끌어 줄 것입니다." 미국 제20대 대통령 제임스 에이브램 가필드가 대통령 취임식에서 한 말이다. 사전에 어떤 상황인지 미리 예측하고 생각한 후 일을 마주하는 것과 아무런 정보나 예측 없이 맞닥뜨리는 것은 분명 차이가 있을 것이다. 앞의 조직 검사처럼 미리 예측하고 준비하면 고통도 약하게 느껴지듯이 업무도 마찬가지다. 아침 10분은 전체의 흐름을 좌우한다. 한 주의 준비는 10분, 한 달의 준비는 30분, 1년의 준비는 하루 정도가 필요하다.

앞서 언급했지만 필자는 프랭클린 다이어리를 20년째 사용하고 있다. 지금도 매일 아침 그날의 주요 업무를 정리한 후 업무를 시작한다. 직원들에게는 이번 주 목요일에 다음 주 주간업무를 작성하게 하고, 필자는 금요일 오전 중에 다음 주 주요 업무를 점검한다. 익월의 업무는 당월 3주 차에 계획하고, 다음 분기업무는 전월 초에 계획한다. 오늘 주어진 일에 충실해야 하는 것도 물론 중요하다. 하지만 잠깐 시간을 내어 미래를 준비한다면 시간 절약은 물론, 놓치기 쉬운 세부 사항까지 미리 챙길 수 있어 일석이조의 효과를 얻을 수 있다. 일의 효율을 높이려면 시스템화(습관화)가 필요하듯, 마음 또한 습관화가 필요하고 충분히 가능하다. 매일매일 마음에 근력이 쌓이면 막상 어려움이 닥쳤을 때 능히 감당할 체력을 기를 수 있다. 그렇다면 일의 효율을 높이려면 무엇을 해야 할까? 바로 자신을 믿고 긍정의 태도로 하루하루를 즐겁게 시작하는 주문을 거는 것이다.

필자는 에밀 쿠에의 '자기암시문'을 밥 먹듯이 외운다. "Day By Day, in Every Way I Am Getting Better And Better(내 인생은 날마다, 그리고 모든 면에서 점점 좋아진다). 아자 아자 파이팅!"이라고 말이다. 스스로에게 하루를 임하는 마음 자세를 세뇌시키는 것이다. 비록 출근하기 전, 업무 시작 전 10분인 짧은 시간이지만 이렇게 매일 쌓인 마음의 근력은 업무에 몰입하는 데 매우 중요하다.

7 효율 : 잠자는 시간을 줄이지 마라

'나는 하는 일에 비해 연봉을 너무 높게 받는 것 같아'라거나 '나는 회사에서 다른 사람들보다 늘 일을 적게 해서 대부분 한가해'라고 생각하는 직장인은 없다. 대부분 너무 바빠서 하고 싶은 것을 하지 못한다거나 돌발적으로 발생하는 일이 너무 많아서 시간 관리를 하지 못해 늘 일에 치여 산다고 생각한다. 업무에서 비효율성이 발생하는 이유는 크게는 사회 경제적 환경이나 기업 문화의 영향일 수 있다. 회사 내부적으로는 기계적인 상명하복의 업무 시스템이나 엉성한 업무 프로세스, 불명확한 업무 분장과 주먹구구식 업무 지시도 한몫 차지한다. 자신에게만 과도하게 일이 몰려 있다는 피해 의식도 있고, 효율적인 시간 관리 능력이 부족해서 업무의 비효율이 나타나기도 한다.

대다수 직장인은 업무의 비효율성이 자신의 문제가 아닌, 회사 시스템의 문제나 상사의 비효율적인 업무 지시 등에서 기인한다고 생각한다. 그러나 컨설팅회사들이 분석한 결과를 보면, 신기하게도 직원 개인의 문제가 업무의 비효율성을 높인다고 한다. 안 해도 되는 일을 상사가 지시하여 어쩔 수 없이 자신의 일은 미루어야 할 때 고민한 적이 있을 것이다.

회사는 중요한 일과 중요하지 않은 일, 급한 일과 급하지 않은 일, 드러나는 일과 드러나지 않는 일, 혼자 해야 하는 일과 함께해야 하는 일 등 성격이 다른 업무들이 서로 끊임없이 충돌하는 전쟁터다. 무엇을 먼저 하고 나중에 할 것인지, 무엇에 집중하고 빨리 처리할 것인지, 혼자 해야 하는지 아니면 협업해야 하는지 결정하는 것이 무엇보다 중요하다. 결정이 늦으면 그만큼 일의 효율도 떨어진다. 부서 내에서도 일을 '많이, 잘하는 사람'과 '하나도 제대로 못 하는 사람'이 있기 마련이다. '많이, 잘하는' 사람에게는 공통적인 업무 스타일이 있다. 급한 일은 빨리 처리해서 잊어버리고 중요한 일은 최대한 집중해서 완성도를 높인다. 혼자 해결하기 어려운 문제는 빨리 팀장, 부서장에게 보고하여 지원을 요청하고, 드러내야 할 명분이 분명한 일은 드러낼 수 있는 복안까지 고민한다. 엘론 머스크 회장은 2003년에 설립한 테슬라를 불과 10년 만에 미국 최대 자동차회사로 성장시킨 인물이다. 그는 테슬라 회장이기도 하지만, 우주 관련 기업 스페이스X의 CEO이기도 하다. 친환경 에너지 회사인 솔라시티, 인공지능회사인 OpenAI의 회장직도 맡고 있다. 한마디로 몸이 10개라도 모자랄 정도로 바쁜 사람이다. 엘론 머스크 회장은 자신의 업무를 지금 당장 해야 하는 돌발적인 일, 통합해야 할 일, 차단해야 할 일, 지연시켜야 할 일, 협상해야 할 일 등으로 구분하여 우선순위를 정한다. 그가 하루를 48시간처럼 쓸 수 있는 핵심 비법은 바로 '효율적인 시간 관리'다.

상사에게 수시로 의견을 구하고 지혜를 빌리는 것도 효율적인 시간 관리 방법이다. 상사에게 의사 결정을 구하는 순간 업무의 책임은 부하 직원에게서 상사에게 넘어간다. 상사에게 의사 결정을 구하면 상사의 오랜 노하우와 지혜를 빌릴 수 있다는 이득이 있다. 책임자의 의사 결정이 무엇보다 중요할 때는 어느 정도 자료가 준비되면 빨리 결정을 요청하는 것이 좋다.

심 본부장은 의사 결정과 판단력이 빠른 사람으로 정평이 나 있다. 부하직원이 여러 가지 안을 기획하여 결재를 받는 시간을 비효율적이라고 생각해서 중요한 사안에는 직접 참여하여 의사 결정에 도움을 준다. 업무의 핵심이 결정되어야 부수적인 업무를 진행할 수 있듯이 상사에게 의견을 빨리 구하는 것이 업무의 효율을 높이고 시간을 절약할 수 있는 지름길이다. 부하직원이 먼저 상사에게 의사 결정을 요구하기란 어렵다. 그러므로 상사가 먼저 나서서 부하직원이 자유롭게 의사 결정을 구할 수 있는 장을 마련하는 것도 하나의 방법이다. 엘론 머스크 회장은 직접 회의를 주최해서 모든 직원이 참여하여 힐링타임도 즐기고 CEO에게 의사 결정을 구하는 시간을 갖는 것으로 유명하다. 거창한 경영상의 의사 결정이 아니라, 아주 사소한 업무 아이디어나 조언을 구한다고 한다.

업무를 효율적으로 진행하려면 우선 자신이 직접 신속하게 처리할지, 아니면 업무를 이관할지 빠르게 판단해야 한다. 사원, 대리급에서 전전긍긍하던 업무가 부장에게 가면 일사천리로 진행되는 경우가 허다하다. 모든 것을 상급자에게 넘기는 것은 문제가 되지만, 해결하지 못할 업무를 무작정 가지고 있어서는 안 된다. 중요하고 기한이 정해져 있는 업무인데, 전전긍긍하다 기한이 지나 심각한 문제가 된 적이 있지 않은가? 내가 감당할 수 없는 업무라면 시간만 낭비하지 말고 상사에게 도움을 요청하는 것이 더 현명한 업무 처리 요령이다.

필자는 어릴 때 경운기를 몰다 진흙 길에 빠진 적이 있다. 2시간 동안 빠져나오려고 연탄재도 뿌려 보고 각목도 대 보았지만 모두 헛수고였다. 결국 이웃에 사는 어르신에게 도움을 청하여 트랙터로 쉽게 빠져나올 수 있었다. 혼자 힘으로 일을 해결할 수 없을 때, 다른 사람이나 외부의 힘을 빌릴 수 있는 순발력도 업무의 효율을 높이는 데 큰 도움이 된다. 그러므로 도움의 손길이 필요할 때 기꺼이 나를 도와줄 수 있는 인맥을 많이 구축해 놓는 것도 업무 능력인 셈이다.

1년에 8,760시간이라는 자금이 인생계좌에 입금된다. 효율적으로 시간 관리를 하며 시간에 이자를 붙여서 두 배로 늘려 쓰는 사람이 있는가 하면, 그 절반도 못 쓰는 사람도 있다. 문제는 사용하지 못한 시간은 다음 해로 이월되지 않고 소멸한다는 것이다. 시간 이자를 잘 늘려서 여유 있는 마음 관리에 활용하자. 잠자는 시간을 줄이지 말고, 업무의 효율성을 극대화하자. 그것이 당신의 몸과 마음을 편하게 하는 지름길이다.

공감백배 마음관리기술 꿀팁 . 5

직장인, 그대의 이름은 미생?
아니면 완생!

　직장은 인생의 대부분을 보내는 곳이다. 그래서 일이 즐거워야 마음이 즐겁고, 마음이 즐거워야 인생이 즐겁다. 혹시 그동안 마음 관리를 제대로 못해서 허비한 시간은 없는가? 불행을 피하는 것이 행복은 아니며, 무언가를 찾는 것보다 버리는 것이 행복이다. 행복은 있는 그대로를 사랑하는 것이며, 타인의 말을 경청하면서 함께 교감하고 영감을 얻는 것이다. 행복한 인생을 살려면 나의 정체성을 확인하고 나의 꿈, 나의 목표를 설정하는 인생 계획서를 늘 간직해야 한다. 쉼 없이 앞만 보고 달리다가 불현듯 '내가 언제 이 나이가 되었지?', '내가 어쩌다가 여기까지 오게 됐나?'라며 스스로를 자책하는 직장인이 많다.

　2010년 모 방송사 프로그램에 일명 맥도널드 할머니로 소개되었다. 2013년에 외롭게 고독사한 故 권하자 할머니의 이야기를 기억할 것이다. 방송 이후 '준비되지 못한 직장인의 쓸쓸한 노후'가 사회적 공감을 일으켰다. 할머니는 좋은 대학 불문과를 졸업하고 외무고시에 합격하여 외무부에서 20년간 공직 생활을 한 최고의 엘리트였다. 모두가 부러워하는 직장생활을 했던 할머니가 비참하게 삶을 마감했던 이유는 명확한 삶의 가치와 일에 대한 정체성이 없었기 때문이다. 드라마〈미생〉에는 직장인의 마음가짐과 관련된 명대사가 많다.

"선택의 순간들을 모아 두면 그것이 삶이고 인생이 되는 거예요.
　매 순간 어떤 선택을 하느냐, 그것이 바로 삶의 질을 결정짓는 거예요."
"우리는 성공과 실패가 아니라, 죽을 때까지 다가오는 문만 열며
　사는 것이 아닐까? 성공은 그 순간에 어떤 의미를 부여하느냐에 따라
　다르지 않을까?"
"행복한 기초 없이 이룬 성취는 계단을 오르는 것이 아니라 성취 후
　다시 바닥으로 돌아오는 것이다."

인생의 중반부를 대부분 회사에서 보내는 직장인에게 승패를 가르는 분수령은 바로 매 순간마다 삶의 의미를 생각하는 마음가짐이다. 자신이 먼지 같은 일만 한다고 생각하는 사람은 결국 회사에서도 같은 존재가 된다. 하지만 자신이 즐겁게 가치 있는 일을 한다고 생각하는 사람은 결국 가치 있는 존재가 될 것이다. 특정한 날에만 결심하는 것이 아니라 매일매일 조금씩 결심하고 실천해야 일을 즐겁게 할 수 있다. 미국 직장인들을 대상으로 새해에 한 결심에 성공했는지 설문조사를 실시했다. 결과에 따르면 25%가 일주일 이내에 포기했고, 30%가 2주일 이내에 포기했으며, 절반이 1개월 이내에 포기했다

고 한다. 직장생활을 위한 마음 관리와 실행은 매일 또는 수시로 해야 한다. 비록 작심삼일(作心三日)이 될지라도 3일마다 계속하면 결국 일관된 결심이 되는 것이다. 내 삶의 미션, 비전을 1분 내에 정확히 말할 수 있도록 머릿속에 구체적인 내용을 담아 두자.

나누는 마음과 기부하는 마음도 삶을 완생으로 이끄는 중요한 요소다. 아내는 15년간 호스피스 봉사를 하고 있다. 일주일에 세 번, 3곳의 병원에서 말기암 환자를 돌본다. 아픈 어깨를 이끌고 봉사하는 것이 안쓰럽기도 하지만, 아내는 호스피스 봉사를 하면서 자존감이 높아졌다고 말한다. 봉사하는 사람은 자기애도 높다는 것을 아내를 통해서 알게 되었다. 행복의 완성은 작은 나눔에서 시작한다. 나눔은 뭔가 엄청난 것을 주는 일이 아니다. 일상생활이든, 직장생활이든 아주 사소한 것이더라도 나누기 시작하면 자존감이나 평판은 그 몇 배가 되어 돌아온다. 또 행복한 인생을 사는 데는 굴곡 있는 삶을 받아들이고 시련을 즐기는 태도가 필요하다. 시련과 역경이 오면 쉽지는 않겠지만, 뭔가 축복을 주려는 신호로 받아들이자. 92세에 시를 쓰기 시작하여 98세에 『약해지지마』라는 시집을 내서 유명해진 일본의 시바타 도요를 기억하는가? 그녀는 자기 삶의 키워드로 '배움과 감사'를 꼽았다. 많은 사람에게서 배우고 함께할 수 있어 감사했다는 말을 남기고 103세에 꽃처럼 생을 마감했다. 『약해지지 마』에 수록된 〈너에게〉라는 시는 삶의 좌표를 잃고 타성에 젖어 즐거움을 잃어버린 직장인에게 성찰과 희망을 준다.

못한다고 주눅 들지마

나도 아흔여섯 해 동안

못한 일들이 산더미야

부모님께 효도하기

아이들 교육

수많은 배움

하지만 노력은 했어

있는 힘껏

있잖아

그게

중요한 게 아닐까

자 일어서서

다시 해 보는 거야

후회를 남기지 않기 위해

96세 소녀가 직장생활 힘들다고 엄살 부리는 30대 아이들, 40~50대 어린이들을 준엄하게 꾸짖고 진심 어린 응원을 해 주는 것 같다. 모든 것을 감사의 마음에서 출발한다고 생각하자. 힘들었던 시련의 시간들도 감사의 시선으로 되돌아보면 '아름다운 추억'이 되고, 불만의 시선으로 되돌아보면 '불행했던 좌절'이 된다. 아름다운 추억이 될 만한 직장생활을 하자.

마지막으로 직장과 가정과 개인이 3박자 균형을 이루어야 인생이 행복하다. 옆에 있는 아내의 마음을 이해하고 있는가? 딸 친구의 이름을 아는가? 아들의 고민을 들어 본 적이 있는가? 내 삶의 의미가 무엇인지 알고 만족하면서 사는가? 직장에서는 행복한가?

2015년 세계보건기구(WHO)에서 발표한 한국의 노년 자살률은 부끄럽게도 세계 1위였다. 2~3위인 슬로베니아와 헝가리에 비해서 압도적인 수치였다. 특히 70대 이상 자살률은 20대 자살률보다 네 배나 더 높다. 이유는 경제적 빈곤과 질병 등이고, 그중 상당수가 무계획적으로 직장생활을 하다 노년에 몸 건강, 마음 건강 모두 번아웃된 은퇴자들이었다. 황혼이혼 숫자도 급증해서 전체 이혼율의 30% 이상을 차지한다. 100세 시대에서 50세 부장이면 막 정오를 지나고 있는 것이고, 40세 차장이면 이제 겨우 오전 10시를 지나고 있는 것이다. 자신만의 행복한 삶의 기준, 가정에서 행복, 즐거운 직장생활의 우선순위를 정해서 실천하자.

링컨 대통령은 "사람은 행복하기로 마음먹은 만큼 행복해진다."라고 말한다. 링컨은 지독하게 가난한 농부의 아들로 태어나 온갖 시련을 겪으며 살았지만, 행복한 도전으로 시련을 이겨 내어 수많은 미국인에게 노예 해방과 민주주의라는 행복을 선물했다. 직장생활도 행복하기로 마음먹은 만큼 얼마든지 행복해질 수 있다. 결국 모든 것은 자기 마음에 대한 처방이고, 마음먹기에 따라 그 출발과 결과가 달라진다. 링컨 대통령이 '국민의 국민에 의한 국민을 위한 정부'라고 외쳤듯이, '행복의 행복에 의한 행복을 위한 직장'을 외치면서 즐겁게 직장생활을 해 보자. 혼자가 아니라, 함께 행복을 외치는 직장 동료, 가족, 소중한 사람들과 함께 말이다.